Klaus Egle ♀ Handbuch für Weinsnobs

Klaus Egle
Handbuch
für Weinsnobs

Mit Illustrationen
von Michael Freund

Deuticke

Inhalt

Was ist ein Weinsnob? 9
Adalbert – der Weinsnob schlechthin 14
Verkosten wie ein Weinsnob 20
Die Zaubersprüche der Weinsprache 28
Der Klang des Weines 34
Brimborium Snobensis 39
Der Weinsnob im Restaurant 53
Überraschung, Überraschung! 61
Eine neue Flasche, bitte! 77
Falle Blindverkostung 83
Champagner – die Muse des Weinsnobs 89
Bordeaux – das Brot des Weinsnobs 103
Schenken wie ein Weinsnob 108
Sind Weinsnobs sexy? 116
La Tour de Fress 136
Zu Besuch beim Heiligen Gral 142
Willkommen im Club? 150
Parker sagt … 157
Blitzkurs für Weinsnobs 164
Sind Sie ein Weinsnob? 168
Der Anti-Weinsnob-Weinsnob 175

Glossar:
Das Brevier des Weinsnobs 185
 Das Urteil des Weinsnobs 185
  Naturkork oder Kronenkork? 186
  Barrique ja oder nein? 188
  Schnüffeln am Kork? 189
  Starker Wein durch kleine Tricks? 191
  Mouton oder Lafite? 192
  Burgund oder Bordeaux? 194
  Sind Weine eine Wertanlage? 196
 Wind & Wetter: Besonderheiten aus
 sechs Jahrzehnten Bordeaux 198
 Weine & Speisen: die Kunst der
 richtigen Zusammenstellung 211

Im Reich der Düfte und Geschmäcker 217
Wie man einen Weinkeller anlegt
und ihn richtig befüllt 222
Stets griffbereit: die besten Zitate und
Anekdoten zum Thema Wein 226
Die Faszination der großen Flaschen
(und wie sie richtig heißen!) 234

PRÄAMBEL

Ein einstmals reicher Mann hatte durch unglückliches Geschick sein Vermögen verloren. So verkaufte er seine Kunstsammlung, behielt aber seinen wohlsortierten Weinkeller. Als man ihn fragte, warum er nicht seinen Wein verkauft hätte, antwortete er: »Ein Mann kann ohne Kunst leben, aber nicht ohne Kultur!«

Was ist ein Weinsnob?

Man kennt echte Weinkenner ebenso wie Dilettanten und Aufschneider. Nur, was ist ein Weinsnob?

Es gibt unter den Weintrinkern dieser Welt wohl so viele unterschiedliche Typen, wie es Weine gibt. Dennoch lassen sich die meisten von ihnen in fünf Hauptkategorien einteilen, die zu kennen für den prospektiven Weinsnob allein schon aus Gründen des Selbstverständnisses schlicht unerlässlich ist.

Der Beiläufige. Für ihn ist Wein keine Haupt-, sondern eine – durchaus angenehme – Nebensache. Er freut sich über ein gutes Glas, würde aber niemals seine Oma für eine Flasche Pétrus 1947 verkaufen. Man trifft ihn oft beim Heurigen an, wo er seinen reschen Veltliner, ohne mit der Wimper zu zucken, mit einem original Zitronenkracherl aufspritzt, und dem Besuch einer gemütlichen Bierkneipe ist er niemals abgeneigt. Seine Grundhaltung zum Thema Wein ist gelassen, und Menschen, die ausschließlich über Wein sprechen, ermüden ihn rasch.

Der Freak. Er ist einer von denen, die über nichts anderes als Wein sprechen. Interessanterweise sind die größten Weinfreaks zumeist nicht jene Menschen, die beruflich mit der Materie zu tun haben. Sie lassen keine Verkostung aus und fahren jede Strecke, wenn irgendwo eine schöne alte Flasche dekantiert wird. Ihr Keller ist so sauber aufgeräumt wie anderer Leute Wohnzimmer, und über jeden verkosteten oder getrunkenen Wein wird sorgfältig Buch geführt. Außer dem Telefonbuch besitzt der Freak nur önophile Werke, in denen er alles über jene Weine nachliest, die er sich selbst nicht leisten kann.

Der Yuppie. Er trinkt Wein, weil das »in« ist. Früher hat er Tequila getrunken. Wäre Rizinusöl der allerletzte, »megascharfe Hammer«, so würde er das trinken. Allerdings ist Wein schon angenehmer, nicht zuletzt deshalb, weil man so schön darüber »talken« kann. Vorzugsweise merkt er sich ein paar Namen und Marken, um sich im Rahmen des Small Talks als Insider profilieren zu können. Untertags trinkt der Yuppie niemals, denn da muss an der Karriere gefeilt werden; außerdem ist eine Weinfahne nach dem Business-Lunch büromäßig ausgesprochen unhip.

Der Weinfreund. Er ist ein Feinspitz und Bonvivant, der vielleicht den größten Genuss aus dem Wein zieht. Weinfreund wird man meistens nicht von heute auf morgen; oft muss man sich durch die anderen angeführten Stadien durcharbeiten – sprich: trinken –, um die nötige Reife für den meisterlichen Umgang mit Weinen zu erlangen. Der Weinfreund trinkt – wenn es möglich ist – am liebsten die besten Weine der Welt, doch achtet er auch jeden kleinen, feinen Tropfen, solange er ihm Freude bereitet. Er kennt sich in der Materie ganz gut aus, würde aber niemals mit seinem Wissen prahlen, denn für ihn ist der Wein keine Wissenschaft, sondern reiner Genuss.

Der Snob. Während einer großen Weinverkostung auf Château Lafite Rothschild Anfang der 80er Jahre, bei der Weine bis zum legendären Jahrgang 1945 zurück degustiert wurden, fragte einer der Teilnehmer Baron Eric de Rothschild, welcher Wein ihm denn am besten gefalle: »1959«, erwiderte der Baron, »wenn Sie ebenfalls junge Weine bevorzugen.« Der Mann ist ein Weinsnob.

Eine leichte Übung, werden Sie, interessierter Leser, geneigte Leserin, jetzt sagen, wenn man nur das nötige Kleingeld in der Tasche hat. Das ist nicht ganz richtig, denn die Voraussetzung, um in den erlauchten Status eines Weinsnobs zu gelangen, ist nicht allein der schnöde Mammon (wenngleich es nicht unbedingt hinderlich ist, auf ein prall gefülltes Bankkonto oder ausgedehnte Ländereien zurückgreifen zu können), sondern vielmehr die Bereitschaft, sich ausgedehnter Schulung und Übung zu unterziehen und unendliche Unbill über sich ergehen zu lassen. Denn Weinsnobs führen – zumindest aus der Sicht jener, die »das Spiel« nicht verstehen – ein freudloses Dasein. Sie können kein Glas

ER WILL SAGEN, DER WEIN HAT EINE STILLE GRÖSSE, DIE ER ERST LANGFRISTIG ZU ERFORSCHEN GEDENKT.

Wein trinken, ohne vorher ausgiebigst geschüttelt, geschnüffelt und geschlürft zu haben, und keine Mahlzeit geht an ihnen vorüber, zu der sie nicht mindestens sieben verschiedene Weinproben degustieren zu müssen glauben. Das Riedelglas wird für sie zum Proberöhrchen, der Gaumen zum Refraktometer (ein Gerät, mit dem der Zuckergehalt in den Trauben gemessen wird), und die Augen werden zum Elektronenmikroskop. Ihr Gehirn ist voll gestopft mit Memoriertafeln von Jahrgängen, Lagen und Geschmackseindrücken. Mit anderen Menschen essen zu gehen wird für sie zur sportlichen Veranstaltung, müssen sie doch selbst dem kompetentesten Sommelier vor Publikum beweisen, dass dieser – im Vergleich zu ihnen, den Weinsnobs selbst – eigentlich ein halbgebildeter Stümper ist.

Gut und schön, könnte man einwenden, all dies sollte auch einem Weinkenner gelingen. Stimmt in der Tat, doch um ein Weinsnob zu werden, bedarf es außer Wissen, einem feinen Gaumen und einem guten Gedächtnis noch wesentlich weiter reichender Qualifikationen. Denn für den Weinsnob genügt es nicht, sich lediglich auszukennen; er will sein Umfeld – und wenn er ein perfekter Snob ist, gar sich selbst – beeindrucken. Daher muss er nicht nur das nötige Know-how mitbringen, sondern darüber hinaus bluffen können, sowie über Stil, Gefühl, diplomatisches und taktisches Geschick sowie Einfühlungsvermögen verfügen. Fehlt ihm auch nur eine einzige dieser Eigenschaften, so läuft er ständig Gefahr, von dem schmalen Grat zwischen Expertentum und Angeberei, auf dem er zu wandeln pflegt, für immer in die Abgründe des Dilettantismus und der Hochstapelei abzustürzen.

Sie glauben, all diese Voraussetzungen mitzubringen, und wollen den steinigen Pfad bis zum Olymp der Weinsnoberei beschreiten? Dann brauchen Sie guten Rat oder, noch besser, ein *Handbuch für Weinsnobs.*

Doch Vorsicht: Es handelt sich bei diesem Werk nicht um eines der vielen Weinbücher über bestimmte Weine, Jahrgänge oder Regionen, die Sie hoffentlich ohnehin schon zahlreich in Ihrer Bibliothek stehen haben. Vielmehr ist das *Handbuch für Weinsnobs* ein kompetenter Guide, der Ihnen alles Wissenswerte und sämtliche Verhaltens(und Überlebens)regeln für die elitäre Welt der Weinsnobs näher bringt, jene ebenso geheimnisvollen wie geheimen Riten und Bräuche, die den Weinsnob vom gemeinen Volk der Trinker, der Weinfreunde und selbst der Kenner abheben. Beherrschen Sie die Regeln, werden Sie auf Empfängen und Cocktailpartys brillieren, bei intimen Diners Bewunderung ernten, bei Verkostungen Ihre Sitznachbarn düpieren und selbst mit dem Sommelier von Bocuse furchtlos in den Ring steigen können. Vergessen Sie die Regeln, wird Sie die resolute Kellnerin im erstbesten Vorstadtwirtshaus bei der Weinbestellung aufs Kreuz legen.

Adalbert

Der Weinsnob schlechthin

Adalbert ist ein Weinsnob. Was heißt ein Weinsnob – er ist der Weinsnob schlechthin. Adalbert ist nicht groß und ein wenig beleibt, was er durch das Tragen von blauen Sakkos – mit Goldknöpfen, er muss Dutzende davon besitzen; ich habe ihn nie in anderer Kleidung gesehen und vermute längst, dass er auch darin schläft und badet – recht geschickt kaschiert. Adalbert lächelt selten und lacht niemals. Zu ernst ist ihm seine Lebensaufgabe, und die besteht vornehmlich darin, der perfekte Weinsnob zu sein. Gewiss, er übt auch maßvoll einen Beruf als Redakteur irgendeiner Zeitung aus, doch das ist nebensächlich. Als Sohn aus einer gut situierten Wiener Beamtenfamilie sonnt er sich in einer gewissen finanziellen Unabhängigkeit und widmet sich voll und ganz seiner Passion, dem Wein. Der Weiblichkeit scheint Adalbert abhold zu sein, wobei auch die bestinformierten »Kiebitze«* der Stadt bis zum heutigen Tage nicht herausgefunden haben, ob dies aus Neigung oder einfach aus Prinzip der Fall ist. Adalbert leistet sich keine Hobbys, keine Beschäftigungen, die seiner Meinung nach bis auf eine Ausnahme – nämlich jene mit dem Wein – samt und sonders Zeitverschwendung sind. Als zweite Ausnahme könnte man allenfalls

---

* wienerisch; eigentlich für »professionelle« Zuschauer beim Karten- und Schachspiel im Kaffeehaus, aber auch bei Gerichtsverhandlungen

noch seine Hypochondrie ins Treffen führen, die ihn zuweilen schon so stark mitgenommen hat, dass er tatsächlich ernsthaft erkrankte und lange Zeit am Wein lediglich riechen konnte – was freilich seine Sinne nur umso mehr geschärft hat. Adalbert ist nicht der Typ Weinsnob, der über alles etwas wissen muss; es genügt ihm, wenn er über etwas alles weiß. Es muss wohl bereits in der grauen Vorzeit seiner Anfänge in der Trinkerbranche gewesen sein – wobei ich keine Sekunde bezweifle, dass Adalbert bereits als Weinsnob das Licht der Welt erblickt hat –, da beschloss er, Tabula rasa zu machen. Natürlich gab es da Bordeaux, Burgund, Rioja, Napa Valley, Toskana und wie sie alle heißen, doch Adalbert war diese Vielfalt schlicht und einfach unbequem, und er entschied, dass es für ihn fortan überhaupt nur noch zwei Weine geben sollte: Barolo und Riesling, vorzugsweise aus der Wachau. Nicht, dass er diese Entscheidung an die große Glocke hängte, doch für ihn war sie jedenfalls richtungweisend. Immerhin verhängte er von Stund an über viele wackere Weine aus aller Herren Länder die schrecklichsten Verdikte – nicht etwa weil diese so schlecht gewesen wären, sondern allein aufgrund der Tatsache, dass sie weder aus dem Piemont noch aus der Wachau stammten. Damit hatte sich Adalbert endgültig zum Hohepriester des Weinsnobismus gemacht, denn für den wahren Snob ist stets nur das – für ihn subjektiv – Beste interessant, während alles andere gar nicht in Betracht kommt.

Die Leistungen Adalberts beschränken sich freilich nicht nur auf diese Totalreduktion – gerade einmal zwei Weine aus der internationalen Vielfalt von Millionen –, sondern bestehen noch aus weiteren, höchst bemerkenswerten Taten. Da er zufällig in der Nähe wohnt, erlebte er den Aufstieg eines finsteren Eckwirtshauses zum Gourmettempel und einem der ersten (wenn nicht überhaupt dem ersten) Häuser des Landes sozusagen hautnah mit. So ergab es sich fast zwangsläufig, dass Adalbert in diesem Restaurant auch dann noch eine Art Stammtisch unterhielt, als es längst hoch dekoriert und berühmt war. Diesen beansprucht er nach wie vor und würde ihn, sollte er ihm jemals streitig gemacht werden, eifersüchtig verteidigen. Freilich darf man sich unter diesem Stammtisch keine gesellige Runde vorstellen, denn Adalbert ist alles andere als gesellig. Im Gegenteil: Die Tatsache, dass außer ihm auf diesem Globus auch noch andere Individuen existieren, scheint bei ihm bereits in frühester Kindheit eine sehr grundsätzliche Verstimmung hervorgerufen zu haben. So hat es mich denn auch gar nicht sonderlich verwundert, als er sich mir gegenüber einmal in einer späten und durch den reichlichen Weingenuss recht intimen Stunde mit dem Satz »Mich mögen vielleicht nicht viele, aber ich mag noch viel weniger!« geoutet hat.

Doch zurück zu Adalberts Stammtisch im Gourmettempel. An diesem sitzen keine sechs Leute und auch keine vier, es gibt auch kein Kommen und Gehen, nein, da sitzt – Adalbert. Nur sehr selten kommt es vor, dass er auch Adepten, wie etwa mich – einen in seinen Augen Unwürdigen, dem dennoch gewisse Sympathien gelten –, an seinem Tisch duldet. Sympathien deshalb, weil mich Adalbert durchaus als großes Talent für den Weinsnobismus einstuft, unwürdig, weil ich dieses vergeude, indem ich mich auch noch für andere Themen, wie etwa klassische Musik, Radsport oder Tim Taylor, den Heimwerker-King, interessiere.

Freilich beschränkt Adalbert seine Stammtischtätigkeit nicht etwa nur auf schnödes Essen. Er lässt sich nämlich gelegentlich dazu herab, in einschlägigen Wein & Food-Magazinen Essays und Artikel über Wein zu veröffentlichen. Da diese jedoch eine thematische Vielfalt verlangen, die über seinen Riesling-Barolo-Horizont hinausgeht, sieht er sich zuweilen gezwungen, auch Weine anderer Herkunft zu degustieren. So beauftragt er also den Maître des Hauses, ihm entsprechende Proben vorzusetzen, die er dann – unter Naserümpfen, tiefen Seufzern und zuweilen auch unverständlich dahingemurmelten, aber jedenfalls abfälligen Bemerkungen – »wohlwollend« degustiert.

Doch nicht genug damit, dass sich Adalbert diesen ungewöhnlichen Stammtisch durch jahrelange hartnäckige Anwesenheit sozusagen »ersessen« hat, errang er quasi durch Abwesenheit noch ein weiteres Privileg, auf das meines Wissens nur er allein Anspruch erheben kann. Wenn Adalbert nämlich wieder einmal unpässlich ist – was ihm, wie ich insgeheim glaube, schon allein deshalb häufig widerfährt, damit er diesen exklusiven Service in Anspruch nehmen kann –, dann wird ihm sein Essen von einem Kellner seines Restaurants (bedeckt mit silberglänzenden »Cloches« und über die Hintertüre aus dem Haus geschmuggelt) nach Hause zugestellt! »Essen auf Rädern« in höchster Vollendung, sozusagen.

Eines Tages waren Adalbert und ich – nebst einigen anderen Weinjournalisten und weiteren »Hardcore-Weinsnobs« – zu einer Verkostung auf dem wunderschönen Tudor-Schloss Grafenegg des Fürsten Metternich-Sándor im Tullner Feld nahe Wien geladen. Mir oblag dabei die höchst verantwortungsvolle Aufgabe, Adalbert von zu Hause abzuholen und sicher bis zu

Metternichs prunkvollem Anwesen zu kutschieren, denn einen Führerschein besitzt Adalbert nicht. Es wäre ihm niemals in den Sinn gekommen, sich den Mühen einer Führerscheinprüfung zu unterziehen, selbst ein Automobil zu lenken – wie banal! – und dann am Ende gar noch als Gleicher unter viel zu vielen irgendwo im Stau zu stehen. Gefahren zu werden duldet Adalbert gerade noch, aber auch nur deshalb, weil sich einfach keine brauchbare Alternative anbietet und Pferdekutschen heutzutage selbst ihm ein wenig überholt erscheinen. So erreichten wir also den Hof des Schlosses und gingen in medias res.

Nebst den Experten fanden sich an einem großen, runden Tisch in den Sälen der Beletage auch Vertreter des heimischen Hochadels ein, ging es doch darum, Weine aus den Schloss- und Herrschaftsweingütern für eine besondere Selektion »herauszukosten«. Bewertet wurden die Weine nach dem internationalen 20-Punkte-Schema, und jene, die mehr als 18 Punkte erreichten, sollten mit einer besonderen Auszeichnung belobigt werden. Die erste Probe wurde in die Gläser geschenkt. Adalbert nahm sein Glas, schwenkte es professionell, doch ohne Emphase, roch daran, seufzte tief, zückte einen altmodischen Füllfederhalter und machte eine entsprechende Notiz. Die meisten Degustatoren am Tisch waren von den gebotenen Proben nicht sonderlich begeistert, und die Bewertungen kreisten im 13-bis-15-Punkte-Bereich. So auch bei der Probe Nummer sieben. So nicht bei Adalbert. Der nahm einen kleinen Schluck, zog die Luft prüfend durch die Zähne, spitzte die Lippen, als hätte er unerwarteten Genuss erschmeckt, blickte kurz versonnen hinaus in den sommerlich-sonnigen Schlosspark, spuckte den Wein aus und griff zur Feder. Klar und deutlich malte er eine einzige Zahl auf seinen Bewertungsbogen, so, dass jeder sie sehen konnte. 6. Die Journalisten blickten betreten. Der Adel rollte die Augen. Der Hausherr schnappte nach Luft, ehe er gepresst stöhnte: »Aber dann ist der Wein ja nicht verkehrsfähig …!« »Doch«, sagte Adalbert mit sehr leiser, aber deutlich vernehmbarer Stimme, »er schmeckt nur einfach grässlich!«

Verkosten wie ein Weinsnob

Man muss sich nicht auskennen, aber man sollte immer gute Figur machen!

Ein entsprechendes Grundwissen ist für den Weinsnob so unerlässlich wie die Rohrzange für den Klempner. Aber es wäre falsch, zu glauben, dass der Weinsnob auch der größte Experte unter den Weinfetischisten sein müsste. Da gibt es alte Weinhändler, die seit sechzig Jahren nichts anderes machen, als jeden Tag, den Gott geschaffen hat, die Wetterkarten von Bordeaux zu studieren, die Auktionspreise von London, Burgund und Napa Valley zu vergleichen und vor dem Frühstück zwanzig Weine zu verkosten und zu dokumentieren. Es gibt Neurotiker, die Chemie studiert haben und jetzt an der Volkshochschule Abendkurse belegen, um die Geheimnisse von Vergärung, Entschleimung und Schwefelung zu ergründen, und deren Bettlektüre die 32-bändige Prachtausgabe von *The Making of Wine* darstellt. Und es gibt Neureiche, die sofort zum Telefonhörer greifen, wenn sie im Gesellschaftsteil der *Financial Times* eine Anzeige sehen, in der eine komplette Kollektion von Château Mouton Rothschild der Jahrgänge 1945 bis 2000 um nur wohlfeile 35.000 Euro angeboten wird, um diese ihrer bescheidenen Sammlung einzuverleiben. Es liegt wohl auf der Hand, dass man als einfacher Weinsnob im fairen Kampf mit offenem Visier gegen diese Verrückten nicht den Funken einer Chance hätte. Allerdings, wer hat gesagt, dass wir Weinsnobs fair kämpfen …?

Beim Studium der Wetterkarten, bei der korrekten Ansprache von Hefebakterien und beim Abheben vom Bankkonto würden wir unweigerlich den Kürzeren ziehen. Also erklären wir von vornherein, dass es darum überhaupt nicht geht! Oder glauben Sie vielleicht, dass bei einem achtgängigen Galadiner ausgerechnet mit Hefebakterien viel Staat zu machen ist? Wenn überhaupt, dann noch am ehesten mit der Platin-Kreditkarte von American Express – und auch da geht es nur ums Protzen mit dem schnöden Geld. Wo bleibt da die Kultur? Lassen wir die Protzer protzen, dem Weinsnob steht der Sinn ohnehin nach Höherem. Womit bereits eine goldene Überlebensregel formuliert wäre. Fühlt sich der Weinsnob endgültig in die Enge getrieben, seines ganzen Waffenarsenals beraubt und eindeutig übertrumpft, so zieht er ganz einfach die Notbremse und erklärt, die Sache sei nicht wichtig, vielmehr gehe es nämlich … um etwas ganz anderes. Doch so weit sollte es erst gar nicht

kommen, denn dem gewitzten Weinsnob steht eben mehr zur Verfügung als die Rohrzange, die Wetterberichte, die Hefebakterien und das Nummernkonto in Liechtenstein.

Unter anderem zeichnet ihn ein feines Gespür für die Schwächen des Gegners aus, und er erkennt instinktiv den richtigen Augenblick, um diese zu nützen. Er ist ein gewiegter Taktiker, der genau weiß, wann er welches Geschütz auf wen abfeuern muss, um einen Volltreffer zu erzielen. Er leistet sich den Luxus und die Extravaganz einer eigenen, unkonventionellen Meinung, die jener seiner Opponenten oft diametral entgegensteht, und stürzt diese damit in heillose Verwirrung. Er verfügt über blitzartige Reaktionen, Charme und Witz. Und er weiß, in welcher Dosierung Arroganz und Hochnäsigkeit einzusetzen sind, um damit eine positive Wirkung zu erreichen. Womit wir beim Kern der Sache wären. Auf der Bühne des Weinsnobismus geht es nämlich nicht nur um die Fakten, sondern vor allem um den Effekt, der mit ihrer Hilfe erzielt wird. Was nützt es dem biederen Weinkenner, wenn er vielleicht in der Sache Recht hat, während alles der zündenden Rede des Weinsnobs lauscht und allein dieser Glauben schenkt? Man sieht, um ein perfekter Weinsnob zu sein, bedarf es auch einer gewissen Schauspielkunst, der Bereitschaft, kühn zu bluffen und ein Risiko einzugehen, wenn die Aussicht besteht, damit einen Knalleffekt zu erzielen.

Jedoch: Der Weinsnob ist kein Gaukler und Hochstapler (und wenn, dann nur ein kleines bisschen ...), denn seine »Performance« basiert ja tatsächlich auf einem fundierten Wissen über den Wein und alle jene kleinen und großen Geheimnisse, die dem Eingeweihten jene glanzvoll-mystische Aura verleihen, die ihn zur anerkannten und – zumindest insgeheim – bewunderten Person macht. Man sieht, ein gutes Marketing ist auch für den Weinsnob – wie so oft – die halbe Miete. Aber eben nur die halbe, denn um das Erlernen bestimmter Regeln, Kniffe und Künste kann sich auch er nicht wirklich herumschwindeln.

Das Verkosten oder, schöner gesagt, »Degustieren« von Weinen gehört zu den grundlegend wichtigsten Tätigkeiten jedes Weinkenners, -freundes und natürlich auch -snobs. Daher ist es – vor allem für letzteren – unerlässlich, in dieser Disziplin gute Figur zu machen, denn bereits hier trennt sich oft die Spreu vom Weizen. Nun denn. Sie nehmen das Glas am Kelch, halten es prüfend gegen das Licht, trinken einen ordentlichen Schluck und sprechen: »Sehr gut!«

Gehen Sie nach Hause. Ihre Vorstellung ist zu Ende. Nehmen Sie sich eine Dose Bier aus dem Kühlschrank, und lagern Sie die Beine hoch. Lassen Sie Ihre Reservierung in der »Hall of Fame« der Weinsnobs annullieren. Gehen Sie am besten nur noch nachts außer Haus, und wechseln Sie schnell die Straßenseite, wenn Sie einem der Großmeister aus der Loge der Weinsnobs begegnen. Meiden Sie Restaurants, denn der Sommelier wird hinter vorgehaltener Hand mit dem Patron über Sie tuscheln. Alle werden es wissen. Man wird mit dem Finger auf Sie zeigen!

Das wollen Sie nicht? Sie wollen nicht annullieren, sondern unbedingt das hehre Ziel erreichen, ein Weinsnob zu werden? Na gut, dann noch einmal zurück an den Start oder besser gesagt: ins Restaurant. Sind Sie dort – trotz der Ihrer Bescheidenheit angemessenen, aber doch nur halbherzigen Abwehrversuche – dazu auserkoren worden, den bestellten Wein zu verkosten, so muss dies unbedingt mit dem nötigen fachmännischen Gestus geschehen. Was etwa beim Essen als unbedingter Fauxpas gilt, ist beim Weinkosten geradezu ein Muss: die Entwicklung einer eindrucksvollen Geräuschkulisse. Der (Fach-)Mann-von-Welt ergreift also das Glas – und zwar richtig, nämlich am Stil oder allenfalls am Fuß –, prüft die Färbung des Inhalts vor einer weißen Fläche, schwenkt diesen zwei- bis dreimal mit kreisförmigen Bewegungen aus dem Handgelenk, hält die Nase tief ins Glas, zieht die Luft kräftig ein, nimmt dann einen Schluck und – jetzt kommt's – zieht hörbar schlürfend Luft durch den Mund ein, um den Wein nochmals gut durchzulüften. Nach einigem – je nach Wohlgefallen mehr oder weniger zufriedenen – Schmatzen schluckt er schließlich den Wein und schreitet zur

Urteilsverkündung. Genauso wird's gemacht, und das hat seine guten Gründe. Hält man das Glas am Kelch fest, so erwärmt sich nicht nur der Wein zu rasch, sondern es könnten auch Düfte von der Hand – wie Parfüm, Seife oder Schweiß – in die Nase dringen und den Kostenden irritieren, ehe am Ende noch Fingerabdrücke den edlen Kelch verunzieren würden. Durch das Halten des Glases am Stil umschifft man diese Fährnisse und verschafft sich noch dazu gegenüber der Technik, das Glas zwischen Daumen und Zeigefinger am Fuß festzuhalten, einen Vorteil beim anschließenden »Rotieren«. Letztere Glashaltung ist vor allem bei Cocktailpartys und sonstigen »stehenden Veranstaltungen« zu empfehlen, da das Glas am wenigsten Wärme aufnimmt. Abgesehen davon ist sie natürlich die eleganteste, um nicht zu sagen snobistischste Art, ein Glas zu halten, was sie für den echten Weinsnob auch im Sitzen durchaus akzeptabel macht. Das Schwenken des Glases, durch das der Wein »belüftet« wird, auf dass er seine ganze Aromenvielfalt preisgebe, ist dabei allerdings nicht ganz leicht. Am besten übt man die Sache einige Male zu Hause am Küchentisch, von dem man vorher sicherheitshalber sämtliche Familienmitglieder verscheucht hat, und betrachtet sich dabei im Spiegel, um während der Übung nicht die dem Weinsnob angemessene, würdige Haltung zu verlieren. Vorerst stellt man dabei das Glas auf den Tisch und beginnt mit kreisenden Bewegungen, seinen Inhalt in Schwung zu setzen, bis dieser am Glasinnenrand fröhliche Kapriolen schlägt. Später hebt man das Glas dabei in die Luft, um schließlich in letzter Vollendung auch das Schwenken in der Glasfußhaltung zu erproben. Beherrschen Sie diese Technik – im wahrsten Sinne des Wortes – aus dem Handgelenk, so wird jeder, der auch nur irgendetwas vom Wein versteht, sofort erkennen, dass er es bei ihnen nicht mit einem unbedarften Greenhorn zu tun hat. Zwei Warnungen seien in diesem Zusammenhang aber auch noch ausgesprochen. Es sind schon Weineleven gesehen worden, die sich derart in ihre Übungen vertieft hatten, dass sie selbst beim morgendlichen Zeitunglesen im Café ihre Kaffeetasse ununterbrochen im Kreis geschwenkt haben. Außerdem sollte man die Schwenkerei besonders bei hochkarätigen Diners nicht übertreiben, denn wenn Sie dabei ausgerechnet der amerikanischen Botschafterin ein Glas kalifornischen Chardonnay ins Dekolletee gießen, dann finden Sie sich – allen Anstrengungen zum Trotz – umgehend auf dem gesellschaftlichen Friedhof für ehemalige Weinsnobs wieder. Dort ruht übrigens auch Egmont, einer der anerkanntesten Weinjournalisten des Landes und vormals ein ernst zu nehmender Konkurrent Adalberts um den Papststuhl der Weinsnobs. Jedenfalls bis zu jenem fatalen Abend, als Egmont in Vertretung seines Herausgebers, der in Bordeaux ein bekannter Mann ist und insbesondere zum Haus Mouton Rothschild hervorragende Beziehungen pflegte, zu einem festlichen Diner

mit Degustation auf das Château geladen war. Ein erhebender Moment im Leben jedes Weinsnobs, um den ihn zahllose Aspiranten unendlich beneidet hätten, dessen Bedeutung aber durch die Tatsache, dass Egmonts Tischdame und Sitznachbarin die Baronne Philippine de Rothschild höchstselbst war, geradezu ins Unermessliche stieg. Mit ein Grund, warum ihm diese Ehre zuteil geworden war, war sein glänzendes Französisch. – Und so kostete man sich durch verschiedene Weinjahrgänge, dinierte anschließend, und weil Egmont mitunter ein charmanter Plauderer sein kann, unterhielt man sich blendend. Doch dann nahm das Verhängnis seinen Lauf. Als die Baronin gerade wieder das Wort an den Unglückseligen richten wollte, war dieser – eingeschlafen! Kinn auf der Brust und leise pfeifende Geräusche von sich gebend, lag er in Morpheus' Armen und träumte wohl einen süßen Traum von großen Weinen, denn auf seinem Antlitz lag tiefer Friede. Man ließ den Guten ausschlafen – und mit ihm waren auch die blendenden Beziehungen entschlummert, die man bis zu diesem Tage zu den Rothschilds unterhalten hatte.

Die Zaubersprüche der Weinsprache

*Wie man jeden Wein richtig beschreibt und dabei einen
blendenden Eindruck hinterlässt*

Jede Branche hat ihre Fachausdrücke, mit denen sich
Insider verständigen können, ohne dass Außenstehende wirklich begreifen, wovon die Rede ist – und so verhält es sich auch beim Wein. Während aber etwa unter
Automechanikern dieses Fachchinesisch aus ungelenk-
technischen Worten wie Motorbremse, Zylinderkopf-
dichtung oder Zündfunkenabstandsmessgerät besteht,
lässt die Weinsprache von vornherein keinerlei Zweifel
daran aufkommen, dass es sich bei dieser Materie um
etwas Hohes und Feines handeln muss. Da ist von Finesse, Komplexität und Reife die Rede, von langen
Abgängen, saftigen Früchten und dichten Strukturen,
von spielerischer Eleganz und Leichtigkeit, grünen Tönen und lauten Düften. Manche Kenner assoziieren Wein
mit Musikstücken, erleben bald ein Crescendo der Geschmackseindrücke, bald ein Abgangsfurioso und erkennen in manchem edlen Tropfen eine perfekte Parti-
tur. Erdigere Menschen wittern Bodentöne, nasses Laub
und zuweilen sogar Pferdeschweiß, wobei sich ernsthaft
die Frage stellt, ob man solche Weine tatsächlich trinken sollte. Naturliebhaber suchen den ihnen genehmen
Duft bei Brennnesselnoten, blumigen Aromen oder der
Leichtigkeit eines Schmetterlings, während Managerty-
pen die harte Tanninstruktur preisen und sich über ge-
schliffene, perfekt »gemachte« Weine freuen. Außer all
diesen Fachausdrücken und Phantasiebezeichnungen

gibt es freilich auch Duft- und Geschmackseigenschaften, die bestimmten Weinen eindeutig zuzuordnen sind, wie etwa die Schwarze Johannisbeere dem Cabernet Sauvignon und manchmal dem Sauvignon blanc oder die Bananen- und Ananasnote dem Chardonnay. Als kleinen Wegweiser durch diesen Dschungel der Gerüche und Geschmäcker finden Sie, interessierte Leserin, geneigter Leser, im Glossar dieses Buches eine nützliche kleine Übersicht.

Doch selbst wenn Sie das gesamte Degustationsvokabular inklusive der ausgesprochen langweiligen, von der »Deutschen Landwirtschaftlichen Gesellschaft« »offiziell genehmigten« Fachausdrücke beherrschen, stellt sich noch immer die Frage, wie diese richtig zuzuordnen sind. Hier begibt sich der Weinsnob auf gefährliches Terrain, kann ihm doch wohl kaum Schlimmeres widerfahren, als coram publico des gemeinen Bluffs überführt zu werden. Glauben Sie beispielsweise bei einer kommentierten Degustation in einem Wein den angesprochenen Johannisbeerduft zu identifizieren, und der Degustationsleiter macht Sie darauf aufmerksam, dass es sich dabei um einen Pinot noir handelt, der niemals nach Johannisbeeren duftet, so gibt es kein Zurück mehr – Schande ohne Ende wird über Sie kommen. Freilich gibt es innerhalb des Wein-fachvokabulars auch wahre Zaubersprüche, die den Wein zwar beschreiben, ihren Urheber aber vollkommen unangreifbar belassen. Sie gehören zur Standardausrüstung des Weinsnobs und sind unabdingbare Requisiten, mit denen er auch in Situationen der absoluten Ratlosigkeit noch brillieren kann. Es handelt sich dabei um Begriffe, die mehr oder weniger auf jeden und keinen Wein zutreffen und unter denen sich prinzipiell jeder, praktisch aber kein Mensch etwas vorstellen kann, wie etwa Komplexität, Eleganz, Balance oder Finesse. Womit wir bei einer weiteren wichtigen Überlebensregel für den Weinsnob angelangt wären. Wenn man sich schon zu einer Aussage über Weine, Jahrgänge oder andere Weinthemen hinreißen lässt, so darf diese niemals so konkret sein, dass irgendein Besserwisser vortreten und einen festnageln kann – es sei denn, man ist sich ganz sicher, dass es im Oktober 1934 in Pauillac tatsächlich nur 56 Millimeter geregnet hat …

Komplex oder vielschichtig etwa sind grandiose Vokabeln, die praktisch auf jeden Wein jenseits eines schlichten Veltliners mit elf Prozent Alkohol, eines Frascati oder eines französischen Vin de pays abgefeuert werden können und ihr Ziel nicht verfehlen werden. Man versteht darunter – soferne man darunter überhaupt etwas versteht – die Tatsache, dass der Wein eine Vielzahl verschiedener, sich überlagernder Geschmacksnuancen (übrigens ebenfalls ein brillantes Wort) an den Tag legt, die sich dem Gaumen nach und nach eröffnen. Und von welchem besseren Wein ließe sich solches nicht behaupten?

Als balanciert oder ausgewogen bezeichnet man einen Wein, bei dem die einzelnen Komponenten, wie Frucht, Säure, Restzucker, Gerbstoff oder Extrakt, in einem möglichst optimalen Verhältnis zueinander stehen. Kein Risiko, denn wer kann schon sagen, wie dieses optimale Verhältnis aussehen soll?

Prädikate wie Eleganz oder noch besser Finesse sollten im Wortschatz keines Weinsnobs fehlen, zumal ihr Aktionsradius von einem trockenen Sherry über schweren Bordeaux bis hin zu hochgradigen Trockenbeerenauslesen reicht. Kein einigermaßen genießbarer Wein ist vor ihnen sicher, und allein diese Worte adeln nicht nur ihn zu einem großen Tropfen, sondern lassen auch denjenigen, der sie ausspricht, im Lichte eines feinsinnigen Genießers erscheinen.

Länge oder auch Finish ist die wohlklingende Umschreibung für die Dauer des Nachgeschmacks, die von manchen Strebern in Sekunden gezählt wird; eine lächerliche Übung für den Weinsnob – und überhaupt: Was hat eine Stoppuhr beim Weintrinken verloren? »Kurz«, »mittel« und »lang« genügen vollkommen, und wenn der Weinsnob guter Laune ist, verleiht er vielleicht sogar einmal das Prädikat »unendlich«.

Ausgestattet mit Vokabeln wie diesen, sollten Sie für alle nur erdenklichen Wechselfälle der Weinverkostung gewappnet sein; jedenfalls solange Ihnen der Wein schmeckt. Freilich begegnet man auch immer wieder Kreszenzen, über die es nichts, aber schon gar nichts Positives zu sagen gibt. Spricht man nun die Wahrheit – die Skala reicht von »ein nichtssagender Tropfen« bis »Wie können Sie es wagen, mir so etwas vorzusetzen …?« –, so ist das zwar im Freundeskreis möglicherweise recht unterhaltsam, kann aber in Gegenwart des düpierten Gastgebers oder gar des Weinproduzenten fatale Folgen haben. Nie wieder eingeladen zu werden ist noch das geringste Übel – zumal in diesem Hause, wie es scheint, ohnehin nur mindere Weine kredenzt werden –, aber man muss jedenfalls auch mit übler Nachrede rechnen, und mancher rabiate Winzer soll in diesem Zusammenhang gar schon grob geworden sein und den kecken Degustator beleidigt und insultiert haben. Bevor also Worte, Gläser und Fäuste fliegen, sollte man wohl erwägen, ob sich das alles für einen Wein, der einem ohnehin nicht schmeckt, überhaupt dafürsteht. Doch selbst für solche Fälle finden sich patente Lösungen, die von vornherein keine Missstimmung aufkommen lassen, wobei es dem Weinsnob ja unbenommen bleibt, insgeheim den ewigen Bannfluch über den unseligen Weinhauer zu sprechen.

Es empfiehlt sich also folgende Vorgangsweise: Nach dem bekannten Verkostungszeremoniell mit Schnüffeln, Schwenken, Schlürfen und so weiter, blicken Sie bedeutungsvoll (üben Sie das zu Hause vor dem Spiegel!), ziehen anerkennend eine Augenbraue hoch, nikken ein wenig und verkünden in gemessenem Tonfall Ihre Beurteilung: »Ein sehr interessanter Tropfen!« Erleichterte Gesichter rundum, ein glücklicher Winzer, und nur wirklich Eingeweihte werden wissen: Der Weinsnob hat einmal mehr das Todesurteil verkündet. Um die Tarnung zu perfektionieren, empfiehlt es sich freilich, die Aussage ein wenig zu variieren. »Das hätte ich mir nicht gedacht!«, »Erstaunlich!« oder »Ein Wein mit einem ganz eigenständigen Charakter!« bieten sich als elegante Alternativen an.

Kaum zu überbieten ist für den Weinsnob von heute – wie wohl auch für alle zukünftigen Anwärter – jene Ge-

schichte, die der Pianist Arthur Rubinstein in seinem Buch *My Young Years* über den berühmten Komponisten Johannes Brahms aufgeschrieben hat. Ein großer Weinconnaisseur hatte den Maestro zum Dinner eingeladen. »Dies ist der ›Brahms‹ meines Kellers«, erklärte er dem Gast, präsentierte dabei eine über und über mit Staub bedeckte Flasche und schenkte dem Komponisten daraus einen Verkostungsschluck ein. Brahms prüfte zuerst die Farbe des Weines, roch dann ausgiebig daran, nahm schließlich einen Schluck und stellte das Glas wieder auf den Tisch, ohne ein Wort zu sagen. »Schmeckt er Ihnen denn nicht?«, fragte der Gastgeber. »Hm«, murmelte Brahms, »bringen Sie besser Ihren Beethoven!«

Der Klang des Weines

Warum man nur Weine mit wohltönenden Namen
und hübschen Etiketten trinken sollte

Würden Sie sich einen Müller-Thurgau von einer Lage namens Wasserloser Luhmännchen bestellen? Oder eine Riesling-Auslese vom Kreuznacher Krötenpfuhl? Wenn ja, dann sind Ihre Chancen, jemals zum Weinsnob zu avancieren, gleich Null. Nichts gegen diese Weine, die ihre Qualitäten haben mögen. Aber es ist für einen Weinsnob von einigem Stil geradezu sittenwidrig, im Restaurant einen Wein zu bestellen, dessen Name so ähnlich wie »Rüdesheimer Eiskaffee« klingt, wodurch sowohl das Ohr als auch der gute Geschmack eine Beleidigung erfahren, der eine solche des Gaumens gar nicht mehr zu folgen braucht. Nicht etwa, dass sich solche Polemik nur gegen Weine deutscher Herkunft richtet, wenngleich gerade deren antiquiert wirkende Weinbezeichnungen vor allem Menschen nicht deutscher Zunge in tiefe Verwirrung zu stürzen vermögen. Auch halte ich die Aussage mancher amerikanischer Weinsnobs, dass die kuriosen Weinnamen der eigentliche Grund dafür seien, dass die Deutschen ihr Bier so liebten, für übertrieben. Wenn etwa der kalifornische Weinriese Gallo einen Wein mit der wenig mitreißenden Bezeichnung »Night Train Express« auf den Markt bringt, dann ist das wohl auch kein Zeugnis vollendeten Geschmacks. Doch immerhin befinden sich die Amerikaner rein phonetisch im Vorteil, der sich bei den Franzosen noch viel stärker auswirkt: Ganz egal, welcher Unfug da auf einem Weinetikett stehen mag – richtig ausgesprochen, klingt er dennoch schön.

»Wein ist in Flaschen abgefüllte Poesie«, sagte einst der Literat Robert Louis Stevenson. Eine Ansicht, der man durchaus zu folgen geneigt ist, wenn es um etwas geht, das beispielsweise »Domaine de Chevalier«, »Château Malescot St-Exupéry«, »Chambertin«, »Les Amoureuses«, »Pouilly-Fumé« oder meinetwegen auch »Martha's Vineyard« heißt, doch wo bleibt die Poesie, wenn ein Wein »Güzelbag«, »Buitenkeur«, »Poysdorfer Saurüssel« oder »Hackenheimer Galgenberg« genannt wird? Eben.

Damit sind wir einmal mehr beim Thema. Während für den Weinkenner einzig und allein das zählt, was sich in der Flasche befindet, kommt es dem Weinsnob sehr wohl auch darauf an, wie dieser Inhalt präsentiert wird. Nicht etwa, dass für ihn der Schein über dem Sein stünde, ganz und gar nicht. Denn nur eine hübsche Flasche, ein gestyltes Etikett oder ein wohlklingender Name vermögen nichts auszurichten, wenn der Flascheninhalt von erbärmlicher Qualität ist. Jedoch was nützt der beste Tropfen, wenn auf dem Etikett ein Vöglein abgebildet ist, das gerade sein großes Geschäft verrichtet, wie etwa auf einem der bekanntesten südafrikanischen Weinetiketten, das immerhin zum geschmacklosesten der Welt gewählt wurde? Stellen Sie sich vor, was geschieht, wenn der Sommelier bei einem intimen Candle-Light-Dinner mit Ihrer jüngsten Eroberung diese Flasche präsentiert? Die Stimmung ist beim Teufel, da können weder romantischer Kerzenschein noch ein perfekt auf den Punkt gegarter Steinbutt etwas retten. Die junge Dame wird Sie nach dem Dessert unverzüglich bitten, sie nach Hause zu bringen. Der Abend ist gelaufen, und Ihre Angebetete wird sich eine geheime Telefonnummer beschaffen oder gar den Wohnsitz wechseln.

Was lernt der Weinsnob von Welt aus dieser betrüblichen Geschichte? Es genügt nicht, nur die Weine, ihre Herkunft oder ihre Qualität zu kennen. Oft ist auch wichtig – oder noch wichtiger –, dass man weiß, wie die Flasche aussieht, sonst kann man mitunter böse Überraschungen erleben. Hat man etwa die Wahl zwischen einem Puligny-Montrachet »Les Combettes« und einem Riesling »Oppenheimer Sackträger«, so kann man wohl schwerlich irren. Muss man aber blind zwischen einer Vielzahl von Weinen unbekannten Aussehens entscheiden, so birgt das immer ein gewisses Gefahrenmoment in sich. Also: Bestellen Sie im Zweifelsfall einen Wein, dessen Etikett Ihnen geläufig ist, und Sie ersparen es sich, das Restaurant durch die Hintertüre verlassen zu müssen. Man kann es dabei freilich auch übertreiben, wie die folgende kleine Geschichte wohl eindrucksvoll dokumentieren wird.

Ich verdingte mich damals als Mitarbeiter eines einschlägigen Magazins, und mein Chef, Adi, war ein Snob finsterster Prägung. Das betraf freilich nicht nur den

Wein, sondern überhaupt jeden nur erdenklichen Lebensbereich. Einen Geschäftsbrief mit einem Füllfederhalter zu unterschreiben, der nicht mindestens 1.000 Euro gekostet hatte, bereitete ihm geradezu körperlichen Schmerz, und etwas anderes als handgefertigte Maßschuhe aus London anziehen zu müssen, hätte für ihn bedeutet, seine Wohnung nie wieder verlassen zu können. Eines Nachmittags, es war schon gegen fünf Uhr, hatten wir dienstlich etwas zu besprechen – oder zumindest bildeten wir uns das ein –, und Adi schlug vor, diese Besprechung doch gleich ins nahe gelegene beste Restaurant der Umgebung zu verlegen. Gesagt, getan. Wir setzten uns also an die Bar, bestellten eine Kleinigkeit zu essen und tranken vorerst eine schöne Flasche Riesling. Und weil es uns gerade gut schmeckte und wir noch eine Zigarre rauchen wollten, beschlossen wir, diesem einen Rotwein folgen zu lassen. Der Ober brachte die Weinkarte; Adi begann sie von hinten nach vorne durchzublättern, stoppte bei der dritten Seite, vertiefte sich kurz, blickte auf und sagte, während ein für ihn nicht untypisches, irgendwie infames Blitzen in seinen Augen sichtbar wurde, nur ein einziges Wort: »Pétrus«. Der Kellner öffnete den Mund, brachte aber keinen Ton hervor, ergriff die Karte und verschwand eilig hinter den Kulissen. Kaum eine Minute später tauchte der Patron auf, Kochschürze umgebunden, Geschirrtuch in der Hand und einen Ausdruck vollständiger Verwirrung im Gesicht. Er konnte es nicht fassen, dass zwei Herren, die gerade ein Lachstatar und getrüffelte Spinatravioli zu sich genommen hatten, um halb sieben Uhr abends den teuersten Wein der Karte, seinen Renommierwein, geordert hatten. Schließlich sammelte er sich und fragte: »Meine Herren, warum

haben Sie denn ausgerechnet den Château Pétrus bestellt?« »Weil er so ein schönes Etikett hat«, erwiderte
Adi ungerührt und tat einen tiefen Zug von seiner Zigarre.

Dieses Meisterstück des Weinsnobismus wird für alle
Zeit unerreicht bleiben.

Brimborium Snobensis

Rituale rund um den Wein – und ihre wahre
Bedeutung

Aus all dem bisher Gesagten erhellt sich, dass der richtige und respektvolle Umgang mit dem Wein an allerlei Rituale und Regeln geknüpft ist. Wenn etwa der Sommelier in einem guten Restaurant eine Flasche serviert, so mag die ganze damit verbundene Prozedur für den Uneingeweihten wie eine pantomimische Theateraufführung wirken, deren Choreografie er nicht durchschaut. Jeder Europäer, der einmal in Amerika ein Baseballmatch besucht hat, kennt dieses Gefühl. Da werden Bälle geworfen, gefangen und mit Schlägern durch die Luft gedroschen, Menschen laufen scheinbar plan- und ziellos über den Platz, Punkte werden nach einem völlig undurchschaubaren System gezählt, und plötzlich springen 50.000 Menschen auf und brüllen frenetisch, ohne dass es dafür irgendeine sicht- oder begreifbare Ursache gäbe. Gerade diese für uns Bewohner der alten Welt so exotisch und unverständlich anmutende Sportart stellt freilich ein perfektes Beobachtungsobjekt für die Erforschung von Ritualen und deren Sinnhaftigkeit dar.

Da wäre beispielsweise einmal das Spucken. Und das »Mit-dem-Schläger-auf-die-Schuhsohlen-Klopfen«. Und schließlich die diversen Fingerzeichen und sonstigen Signale, mittels derer sich die helmbewehrten Ameisen da unten auf dem Spielfeld zu verständigen scheinen. Lange und intensiv habe ich dieses Zeremoniell beobachtet, es war, wenn ich mich recht erinnere, ein Spiel der Pittsburgh Steelers gegen die Atlanta Braves, und ich habe heute wie damals keinen Schimmer, wer eigentlich gewonnen hat. Aber ich kann mich noch gut erinnern, dass während des gesamten Spiels enorm viel gespuckt, geklopft und gedeutet wurde. Das Spucken ordnete ich schließlich in die Kategorie der vollkommen nutzlosen Rituale ein – ganz im Gegensatz zum Spucken beim Weinverkosten übrigens. Allenfalls könnte dieser stark infantil wirkende Brauch als männliches Imponiergehabe zu verstehen sein: »Seht mal, wie lässig ich bin, ich habe keine Angst vor euch, ich spucke euch sogar vor die Füße …« Das Abklopfen der Schuhsohlen verdient eine etwas differenziertere Betrachtung. Es könnte nämlich durchaus dem Zweck dienen, Dreck aus den Stollenschuhen zu entfernen, um die Bodenhaftung zu erhöhen. Offensichtlich stammt diese archaische Gewohnheit noch aus den Zeiten, als man Baseball auf Äckern spielte, die kurzerhand zum Spielfeld erklärt worden waren. Heute sind die Plätze längst so perfekt präpariert wie der heilige Tennisrasen von Wimbledon, aber es wird weiterhin auf die Schuhe gedonnert, dass der feine Sand nur so staubt. Die eigenartigen Finger- und sonstigen Zeichen schließlich, die frappant an die Taubstummensprache erinnern, dienen der wortlosen Verständigung der Spieler untereinander. So lässt etwa der Werfer seinen Fänger wissen, wie er den Ball zu schleudern gedenkt, wobei im Idealfall der Schläger der gegnerischen Mannschaft, der diese Zeichen auch sehen kann, nur Bahnhof versteht. So betrachtet, hat dieses Ritual also tatsächlich einen Sinn; vorausgesetzt natürlich, dass das Spiel als solches einen haben soll.

Nicht viel anders verhält es sich mit dem Wein. Rund

um das Öffnen, Verkosten und Trinken einer Flasche Wein lässt sich eine Menge Brimborium veranstalten, wobei sich die Sinnhaftigkeit desselben auf einer breiten Skala zwischen unnütz und unentbehrlich bewegt. Was für den Weinsnob freilich nicht heißt, dass ein an sich sinnloses Ritual nicht doch das eine oder andere Mal zur Anwendung gelangen kann. Während nämlich für einen Schulbuch-Weinkenner nur Maßnahmen in Frage kommen, die tatsächlich etwas bewirken, so gelten hier für den Weinsnob, der erneut Gelegenheit findet, zu beweisen, dass er zweifellos ein höheres Wesen ist, ganz andere Gesetze. Schließlich geht es ihm nicht nur um Sinnsuche, sondern vor allem um Wirkung. Allerdings heißt es bei der Gestaltung des Weinzeremoniells einmal mehr, viel Fingerspitzengefühl an den Tag zu legen, denn nichts ist peinlicher als eine hochkomplizierte »Vorführung«, deren Nutzlosigkeit für jedermann offensichtlich ist. Versuchen Sie also nicht, Ihren neuen Schwarm oder befreundete Weinfreaks damit zu beeindrucken, dass Sie eine Flasche Beaujolais Nouveau umständlich über Kerzenlicht dekantieren, wenn Sie Ihren Namen nicht wenig später auf der Witzseite Ihrer Lokalzeitung wiederfinden wollen.

Dabei ist gerade das Dekantieren eine der wirkungsvollsten Waffen, um Halbeingeweihte zu beeindrucken und sich den Nimbus des Fachmanns zu verschaffen. Begeht man hingegen den Fauxpas, einen Wein zu dekantieren, der das nie und nimmer notwendig hat, so kann der Schuss leicht nach hinten losgehen und die Situation unendlich peinlich werden. Man sieht also, dass es für den Weinsnob nicht nur darum geht, sein Waffenarsenal zu kennen, sondern vor allem auch darum, es richtig einzusetzen. Damit Sie, avancierender

Weinsnob, diesen Fallgruben und Fußangeln auf dem Weg zu einer perfekten »Performance« nicht zum Opfer fallen, sollten Sie sich besser schon im Voraus mit dem nötigen Wissen wappnen.

Glaskultur – eine durchsichtige Sache?

Während es noch bis vor zehn, fünfzehn Jahren sowohl in Restaurants als auch in Privathaushalten üblich war, edle Weine aus bunten, schweren, geschliffenen Kelchen mit seltsamen Formen – die inzwischen hoffentlich in Tante Klaras Wohnzimmervitrine neben der Puppensammlung und anderem Nippeskram ihre letzte Ruhe gefunden haben – zu trinken, so ist eine entsprechende Glaskultur heute zumeist schon gang und gäbe. »Form follows function«, verkündete einst der österreichische Glaspionier Claus Josef Riedel, räumte mit Schliff und Schnörkeln auf und schuf jene schlichten, aber formschönen Gläser, die noch heute in der Weinwelt als das Maß aller Dinge gelten. Freilich ist Riedel nicht nur ein wackerer Forscher, sondern auch ein guter Geschäftsmann, und so führte die Idee, dass jeder Wein seine eigene Glasform benötigt – und verdient –, über die Jahre zu einer fast unüberschaubaren Flut an Modellen, die angeboten werden. Nun hat kaum jemand die Möglichkeit, so viele Gläser zu kaufen und aufzubewahren, und selbst für den Weinsnob, der beim Ankauf von Gläsern keinesfalls sparen darf – und auch nicht muss, verzichtet er doch freiwillig auf andere, kostspielige Hobbys –, stellt sich die Frage der richtigen Auswahl.

Ein Glas für jungen Weißwein – leicht nach außen gewölbter Glasrand – wird man sich vor allem dann anschaffen, wenn man diesen Weintyp mag und öfters trinkt. Ansonsten greift man zum Chardonnayglas – mittleres Volumen, bauchig, zum Rand hin leicht nach innen geneigt –, das ebenso wie das etwas elegantere Chiantiglas von Riedel universell einsetzbar ist; es eignet sich sowohl für Weiß- als auch für fast alle Rotweine und wird nur selten enttäuschen. Großvolumige Bordeaux- oder Burgundergläser mögen unter diesem Aspekt dem durchschnittlichen Weinkonsumenten als überflüssiger Luxus erscheinen, sind aber für den Weinsnob geradezu unverzichtbarer Bestandteil seiner Glaskollektion. Zwar ist es in Wahrheit so, dass nur die allerwenigsten Weine – nämlich große, reife Bordeaux und Burgunder – in diesen Gläsern wirklich ein besseres Ergebnis bringen als in kleinen, doch erstens glänzen sie durch imposant-bestechende Optik, zweitens durch den an Kirchenglockengeläut erinnernden Wohlklang beim Anstoßen, und drittens legt die bloße Existenz dieser Gläser für den Außenstehenden die Vermutung nahe, dass im Hause des Weinsnobs des öfteren ganz große Tropfen entkorkt werden.

DIESES GLAS HAT MIR DER
RIEDEL FÜR WEINE ANGEFERTIGT,
DIE NICHT VIEL TAUGEN.

Sektgläser haben oft einen geraden Rand (Flöten-form), während Champagner meist aus Gläsern mit leicht nach innen geneigtem Glasrand getrunken wird. Möglich sind auch Tulpen ohne Stil – eine der drei Vari-anten wird aber sicherlich für alles Sprudelnde genü-gen; lediglich der Champagnerkelch, der ohnehin nicht gut in der Hand liegt, ist aus der Mode gekommen, weil hier die Perlen und der Duft zu schnell entfliehen. Für Eis oder Sorbet können diese Kelche aber immer noch gute Dienste tun.

Eigene Süßweingläser sind der pure Luxus, da sich der Wein aufgrund des geringen Fassungsvermögens hier selten richtig entfalten kann; die meisten Prädikats-weine entwickeln sich im voluminöseren Chardonnay-glas am besten. Wer gerne Edelbrände trinkt, ist hinge-gen gut beraten, dafür ein eigenes Glas anzuschaffen – sehr gut eignen sich ballonförmige Typen, die sich nach oben hin zu einem geraden »Kamin« verjüngen; we-sentlich kräftigeres Bukett und mehr Geschmacksfülle werden die Investition danken.

Selbstverständlich wurde auch für Whisky bereits eine eigene Glasform entwickelt, wobei der klassische »Tumbler«, ein halbhohes, eher dickwandiges Glas mit glatter Standfläche, nach wie vor gute Dienste tut.

Schöne Weingläser in einer Vitrine verfehlen ihre Wir-kung auf Gäste nicht; weil man aber auch zeigen will, was man hat, sollte man den Tisch – auch und gerade wenn etwa nur eine Person zu Gast ist – gleich mit einer eindrucksvollen Batterie, bestehend aus Weißwein-, Rot-wein-, Wasser- und eventuell noch Champagnerglas, eindecken, wodurch sich die Vorfreude der Gäste auf kommende Genüsse gleich vervielfacht.

Vom Temperieren und Reparieren

Es nützt der beste Wein im perfekt abgestimmten Glas nichts, wenn er nicht die optimale »Betriebstemperatur« hat. Nun ist es ja müßig, einem Weinsnob-Aspiranten etwas beibringen zu wollen, das er bereits im Novizenstadium seiner önophilen Karriere gelernt hat. Da aber doch gelegentlich die eine oder andere Zahl dem Vergessen anheim fällt, hier noch einmal die Richtwerte für die perfekte Temperatur verschiedener Getränke:

5–8° Schaumweine, Aperitifweine
8–10° Trockene Weißweine
9–11° Kräftige, halbsüße und ältere Weißweine
11–12° Roséweine, Spätlesen, Auslesen
12–14° Dessertweine, leichte, junge Rotweine
14–16° Mittelschwere Rotweine
16–18° Schwere, große Rotweine

Der Weinsnob wird sich kaum je den Fauxpas leisten, einen falsch temperierten Wein zu kredenzen, zumal es ja seine ureigenste Aufgabe und Passion ist, solche Missstände zu geißeln. Andererseits kann es aber sowohl im

Restaurant als auch zu Hause – wenn unerwartet Gäste einfallen oder plötzlich der Ruf nach einem Wein laut wird, der eigentlich gar nicht eingeplant war – immer wieder passieren, dass sich ein Wein als viel zu warm oder zu kalt erweist. Hier ist eine sofortige Pannenhilfe vonnöten, und der Weinsnob als Experte ist genau der Richtige, um die entsprechenden Tips zu geben.

Zu kalter Weißwein. Öffnen, eventuell dekantieren, wenig Wein in die Gläser schenken, wo er sich rasch erwärmt. Nachhelfen kann man diesem Prozess, indem man das Glas in die hohle Hand nimmt und den Wein sachte schwenkt.

Zu warmer Weißwein. Einige Minuten kaltes Wasser über die Flasche laufen lassen, öffnen, etwas Wein in die Gläser schenken, die Flasche im Kühlschrank/-raum kalt stellen. Ein ebenfalls recht probates Hilfsmittel ist der Weinkühler »Rapid Ice«, eine Art Manschette, die – aus dem Tiefkühlfach kommend – einige Minuten über die Flasche gezogen wird.

Zu kalter Rotwein. Nach Möglichkeit den Rotwein immer schon zu Beginn des Menüs bestellen. Ist er zu kalt, sollte er dekantiert und die Karaffe im Restaurant aufgestellt werden; bis zum Hauptgang ist der Schaden zumeist behoben.

Zu warmer Rotwein. Die südländisch-unbekümmerte Methode zahlloser Pizzeria-Chefs, sämtliche Weine auf einem Bord über der Theke oder, noch besser, über dem Pizzaofen zu lagern, ist diesen selten zuträglich. Das Gegenmittel: Man nehme einen Sektkübel, fülle ihn mit einigermaßen kaltem Wasser, öffne die Flasche und stelle sie hinein. Nach einigen Minuten sollte man probieren, ob der Wein die gewünschte Temperatur erreicht hat, damit er nicht zu kalt wird.

Der Kork muss raus
Eine Flasche Wein zu öffnen ist doch weiß Gott keine Kunst, werden Sie sich jetzt vielleicht denken. Das mag grundsätzlich stimmen, aber man sollte dabei nicht darauf vergessen, dass die Welt des Weinsnobs voller Tükken steckt. So banal kann ein Vorgang gar nicht sein, dass man dabei nicht jede Menge Fehler begehen könnte, die von einem vorwitzigen Besserwisser sofort registriert oder gar angeprangert würden. So auch beim Öffnen der Weinflasche.

Man nimmt also ein kleines Messer – bei vielen Korkenziehern ist das bereits integriert –, schneidet die Kapsel unterhalb des Wulstes am Flaschenhals ab, entfernt die Kappe und säubert die Flaschenöffnung und die Oberfläche des Korkens, ehe man diesen vorsichtig zieht. Nach nochmaliger Säuberung des Flaschenhalses mit einer Serviette schenkt man sich selbst den Probe-

schluck ein, wobei auch eventuell in den Wein gefallene Korkpartikel ausgegossen werden. Klingt ganz einfach und ist es auch. Nimmt man aber die Spitze des Korkenziehers zum Abtrennen der Folie, schneidet – oder besser gesagt: reißt – diese knapp unter dem Flaschenrand ab, wodurch der Wein mit dem Metall in Berührung kommen und geschmacklich beeinträchtigt werden kann, säubert den Flaschenrand erst nach dem Ziehen des Korkens, bei dem Schmutzteilchen in die Flasche fallen können, und gießt Wein, Schmutz und Kork dem nächstsitzenden Gast ins Glas, so hat man am Tische der Experten so viel verloren wie ein Gärtner auf einem Kardiologenkongress.

Dasselbe gilt übrigens auch für Dilettanten, die es witzig finden, den Korken einer Sekt- oder Champagnerflasche knallen zu lassen, was unter Weinsnobs gelinde gesagt als stillos angesehen wird. Richtigerweise hält man nach dem Entfernen der Folie und der Agraffe (so wird das vierstrebige Drahtkörbchen genannt, das den Korken in der Flasche hält – ein Fachausdruck, den nur wenige kennen und der daher zum Standardrepertoire des Weinsnobs zählt) den Korken mit einer Hand fest, während man mit der anderen langsam die Flasche dreht. Beginnt sich der Korken zu bewegen, so hält man ihn fest und lässt ihn mit einem dezenten »Plopp« aus der Flasche gleiten. Von dieser Regel gibt es nur eine einzige Ausnahme, die stil- und wirkungsvollste Art, edlen Schaumwein von seinem Verschluss zu trennen: das Sabré. Darunter versteht man das »Enthaupten« der Flasche mit einem einzigen gezielten Säbelstreich, bei dem der Korken mitsamt einem Teil des Flaschenhalses wie eine Rakete davonzischt. Doch Vorsicht: Was auf stolzen Schlössern und am Zarenhof

der staunenden Damenwelt spitze Schreie des Entzük-
kens entlockt haben mag, endet in der Neubau-Eigen-
tumswohnung mit großer Wahrscheinlichkeit als Fall
für die Haushaltsversicherung. Der Korken erreicht nämlich die Geschwindigkeit eines Geschosses, das mühelos
Glasscheiben durchschlagen und auch sonst allerhand
Unheil anrichten kann. Am besten gelingt diese Übung
im Garten – ich weiß es, denn ich habe es auf Achim
von Arnims Weingut »Clos Cabrière« in Franschhoek/
Südafrika ausprobiert und bei meinem ersten Versuch
nur recht bescheidene Haltungsnoten errungen. Für
den Weinsnob, der auch bei dieser Aktion seine gewohnt
aristokratische Haltung bewahren will, empfiehlt sich
die Anschaffung von einigen Kisten billigem Rotkäpp-
chen-Sekt zu Übungszwecken, ehe er seine erstaunli-
chen Fertigkeiten einem staunenden Publikum mit einer
Flasche Roederer Cristal vorführt …

Imponieren durch Dekantieren

Das Dekantieren, also Umgießen des Weines in eine
Karaffe, hat nicht nur einen praktischen Zweck, sondern bietet dem Weinsnob auch die perfekte Gelegenheit, vor seinem Publikum zu brillieren, denn wenn das
sachgemäße Entkorken der Flasche die »Pflicht« ist,
dann kann man das Dekantieren wohl getrost als »Kür«
bezeichnen. Allein die Ankündigung »Ich werde jetzt
den Rotwein dekantieren«, die sich der Weinsnob geradezu auf der Zunge zergehen lässt, verfehlt nur selten
ihre Wirkung und führt zu einer sofortigen Zusammen-
rottung der Gäste, die den angekündigten Vorgang
nicht ohne Bewunderung aus nächster Nähe erleben
möchten. Nun gibt es ja bekanntlich zwei Gründe, warum man einen Wein dekantieren kann oder soll. Einer-

seits um ihn vom Weinstein (Weißwein) oder Depot (Rotwein) zu befreien, andererseits um ihm durch den Luftkontakt die Gelegenheit zum »Atmen« zu geben, damit der Wein runder und zugänglicher wird und seine Duft- und Aromastoffe voll entfalten kann. Der gewitzte Weinsnob wird sich freilich hüten, von vornherein anzukündigen, warum er diesen Wein dekantieren will. Stellt er nämlich ein Depot in Aussicht, das sich dann, wenn sich sämtliche Schaulustige um die Kerze versammelt haben und der Wein langsam von der Flasche in die Karaffe fließt, als nicht vorhanden erweist, so wird sich nicht nur allgemeine Enttäuschung breit machen, sondern insgeheim auch leiser Zweifel am Urteil des Weinsnobs keimen. Hat er hingegen vorher nicht erklärt, aus welchem Grund die Dekantierzeremonie in Angriff genommen wurde, so kann er sich immer noch elegant aus der Affäre ziehen, indem er keck verkündet: »Ich habe den Wein jetzt dekantiert, damit er atmen und sich öffnen kann!« Es gilt zwar als erwiesen, dass viele Weine sich rascher entfalten, wenn sie dekantiert werden, doch gehen die Meinungen darüber auseinander, welche Weine man dekantieren sollte und wann der günstigste Zeitpunkt dafür sei. Dieser wissenschaftlich ungesicherte Stand der Erkenntnis bietet dem Weinsnob eine wahre Spielwiese, lassen sich doch immer Gründe und Erklärungen finden, um das – hoffentlich perfekt eingeübte – Dekantierschauspiel zum Besten zu geben. Zur Sicherheit, angehender Weinsnob, Ehrfurcht gebietender Weinguru der Zukunft, noch ein paar Tips, wie man es richtig macht.

Während sich das Dekantieren von Weißweinen ohne größere Probleme durchführen lässt, liegt der Fall bei Rotweinen etwas komplizierter. Idealerweise sollte die

Flasche, die ja liegend gelagert wird, bereits zwei bis drei Tage vor dem Öffnen aufgestellt werden, damit sich das Depot auf dem Flaschenboden sammeln kann. Eine liebe Freundin aus Frankreich erzählte mir dazu übrigens eine Geschichte, die, wenn sie nicht wahr sein sollte, doch zumindest gut erfunden ist. Immer wenn ihr Großvater vorhatte, eine Flasche Rotwein zu trinken, ging er in den Keller und stellte sie auf die erste Stufe der Kellertreppe. Am nächsten Tag wanderte die Flasche dann auf die zweite Stufe und so weiter, bis sie schließlich in perfekt ausgerastetem Zustand das Speisezimmer erreichte, dort geöffnet und mit großem Genuss getrunken wurde.

Nachdem dafür aber meist keine Zeit ist, sollte man die Flasche behutsam liegend aus dem Regal nehmen, in einem Flaschenkörbchen öffnen und dann – ohne Körbchen – über einer Lichtquelle in einem Zug in die Karaffe umfüllen. Wird die Flasche vorsichtig behandelt, bleibt das Depot auf der Innenwand liegen.

Eine Verstärkung des Showeffektes können unter Umständen noch die sogenannten Dekantiermaschi-

nen bringen: unter Umständen deshalb, weil diese Biester recht tückisch sein können und sich als regelrechte »Weinspucker« gerieren, wenn man nicht die nötige Routine im Umgang damit hat. In der Regel ist eine ruhige Hand den sündteuren versilberten Folterinstrumenten überlegen; lediglich beim Dekantieren von schweren Großflaschen ist die Maschine eine echte Erleichterung – aber dazu benötigt man dann ohnehin Sonderanfertigungen. Sollte man dennoch nicht auf dieses technische Hilfsmittel verzichten wollen, so empfiehlt sich zumindest ein ausgedehntes Geheimtraining an Weißweinen, die keine Flecken auf Hose oder Tischtuch hinterlassen.

Übrigens gilt es mittlerweile als besonders trendig, nicht nur rote, sondern auch schwere, alkoholstarke weiße Weine zu dekantieren, was insofern Sinn macht, als diese Weine meist zu kühl serviert werden und so die Möglichkeit haben, sich rasch zu erwärmen und ihre komplexe Aromatik zu entfalten. Manchmal gibt es jedoch auch weniger fachlich orientierte Gründe, warum man einen mächtigen Barrique-Veltliner oder einen schönen weißen Burgunder in eine Glaskaraffe umgießt, wie ein Ausspruch der bekannten englischen Journalistin und Weinautorin Jancis Robinson belegt: »Ich selbst dekantiere oft auch körperreiche Weißweine, … nur weil sie in einem Dekanter so herrlich golden funkeln.« Womit sich Mrs. Robinson auf jeden Fall als Anwärterin für die Hall of Fame der Weinsnobs qualifiziert hat.

Der Weinsnob im Restaurant

Wie man auf einem glatten Parkett mit anderen
Schlitten fährt

Das was dem Schauspieler die Bühne, ist dem Weinsnob das Restaurant. Die eleganten Säle, die lauschigen Wintergärten, die festlich gedeckten Tafeln – sie bilden das Odeon der Weinsnobs, hier erringen sie ihre glanzvollen Siege und erleiden ihre bitteren Niederlagen. Auf ein Haus oder eine Wohnung könnte der Weinsnob notfalls vielleicht verzichten, aber gäbe es keine Restaurants mehr, so würde er glatt seine Existenzgrundlage verlieren. Allerdings ist diese öffentliche Schaubühne auch ein glattes Parkett, auf dem man nur allzu leicht ausrutschen kann. Das Publikum und vor allem das Personal liegen permanent auf der Lauer, um gnadenlos jeden Fehler zu registrieren, und haben dann nichts Besseres zu tun, als die Kunde von einer »Bauchlandung« in Windeseile in der ganzen Stadt zu verbreiten. Es gilt daher, einen Besuch – oder sollten wir es besser einen Auftritt nennen? – in einem Spitzenrestaurant penibel vorzubereiten, um am großen Abend möglichst nichts dem Zufall zu überlassen.

Dass man in einem Haus dieser Güte rechtzeitig einen Tisch reservieren muss, sollte für einen Weinsnob eigentlich kein Thema sein; die Vorreservierung eines Weines ist hingegen eine Art »Cruise-Missile« im Geheimarsenal der Weinsnoberei, die einschlägt wie eine Bombe und ihr Ziel nie verfehlt. Es geht dabei um einen Service, der von keinem Toplokal je verweigert würde, der aber in der Praxis nie in Anspruch genommen wird. Angenommen, es steht ein Diner auf dem Programm, zu dem auch mehrere Weinsnobs der Schwergewichtsklasse, die sich nicht so leicht aushebeln lassen, erwartet werden. Sie reservieren also einen Tisch und beraten sich gleich mit dem Sommelier über den zu kredenzenden Rotwein oder lassen sich überhaupt die Weinkarte faxen. Sie wählen einen eindrucksvollen, aber leistbaren, mindestens zehn Jahre alten Wein aus und vereinbaren, dass dieser bereits mehrere Stunden vor dem geplanten Essen dekantiert wird. Sodann brauchen Sie sich nur noch zurückzulehnen und zu warten, bis Ihre Falle zuschnappt. Am besagten Abend tritt der Sommelier, bewaffnet mit mehreren Weinkarten, an den Tisch, fragt die versammelte Runde nach Aperitifwünschen und geht ab. Die Experten und jene, die sich dafür halten, vertiefen sich sofort in das Studium des umfangreichen Kompendiums, nur Ihre Weinkarte bleibt ungeöffnet auf dem Tisch liegen. »Ich habe mir erlaubt«, beginnen Sie in einem Tonfall äußerster Gelassenheit – und alles blickt erstaunt von den Weinkarten auf und richtet den Blick auf Sie –, »bereits zu Mittag einen Léoville-Las-Cases 1978 dekantieren zu lassen.« Aufklappende Münder, mindestens zwei Sekunden Reaktionszeit – und zwar nicht deshalb, weil der Léoville 1978 einer der herausragendsten älteren Jahrgänge dieses Kult-Château ist, nein, das hätte jeder der Anwesenden ebenfalls gewusst oder zumindest in einem klugen Buch nachschlagen können, sondern weil Sie den Weitblick und die – auch finanzielle! – Größe hatten, den Wein rechtzeitig dekantieren zu lassen. Sie sind der Sieger des Abends, selbst dann, wenn einer von denen, die nun mit eingezogenen Köpfen und blicklosen

Augen wieder in ihre Karten starren, später einen Rosé-
wein aus Burundi blind erkennen sollte. Sie haben das
Spiel mit dem ersten Zug für sich entschieden, als die
anderen noch dabei waren, sich eine Taktik zurechtzu-
legen. Das ist so, wie wenn Kasparow seinen Gegner
schon schachmatt setzt, während der noch seine Figu-
ren aufstellt. Jeder weitere Spielzug ist damit der Be-
deutungslosigkeit anheim gefallen.

Allerdings ist nicht jeder Erfolg so leicht zu erringen,
zumal Sieg und Niederlage oft sehr knapp beieinander
liegen. Nicht immer hat man die Zeit, seinen Auftritt so
exakt vorzuplanen, und so ist es eher die Regel als die
Ausnahme, dass man die Weine erst am Abend im Restaurant ordert. Welcher Wein zu welcher Speise passt
und wie man bei der Weinbestellung seinen Status als
Weinsnob der Premier-Cru-Klasse weiter zementiert,
erfahren Sie an anderer Stelle dieses Buches; hier sei
vorerst nur eine Warnung vor einer möglichen Schlappe ausgesprochen. Bestellen Sie nie, ich wiederhole:
nie, einen Wein, dessen Namen Sie nicht richtig aus-

sprechen können. Gehen Sie lieber auf Nummer Sicher, ehe Sie sich den Gefahren eines übersehenen Akzents (Léoville-Poyferre statt Poyferré) oder zungenbrecherischer Namensmonster wie »La Tour-du-Pin-Figeac Moueix« aussetzen, zumal die wirklich guten Weine zumeist ohnehin kurze Namen wie Latour, Margaux oder Chambertin haben. Bestellen Sie aber einen »Le Montrachet« und sprechen dabei laut und vernehmlich die beiden hier stummen »t« aus, so können Sie auch gleich mitten im Lokal aufspringen und rufen: »Seht her, hier steht ein Parvenü, der zu viel Geld in der Tasche hat!«

Nicht etwa, dass Geld dem Weinsnob bei der Ausübung seiner Passion hinderlich wäre, ganz im Gegenteil. Nur kommt es eben auch darauf an, wie man es einsetzt, wie die folgende kleine Geschichte zeigt. Ich besuchte in Zürich Silvio Rizzi, den unangefochtenen Schweizer Gourmetpapst, der ein ebenso begnadeter Koch wie Kritiker ist und in dessen Freundschaft ich mich bei unseren leider viel zu raren Treffen sonnen darf. Silvio hatte an diesem Tag von einem Bekannten eine kurzfristige Einladung zu einem Abendessen im »Tübli«, einem der besten Lokale von Zürich, erhalten, wo sich dieser die soeben im Elsass erjagten Wacholderdrosseln zubereiten lassen wollte. Mich lud man kurzerhand mit ein, ebenso einen Verwandten des Gastgebers, dessen Name, wenn ich mich recht erinnere, Willi Würth war. So saßen wir also zu viert am Tisch, und der Patron brachte das mehrgängige Menü zum Vortrag, das er rund um die Drosseln kreiert hatte und das allgemeinen Beifall fand. Der Sommelier reichte die Weinkarte, und Silvio Rizzi wurde auserkoren, einen Weiß- und einen Rotwein auszuwählen, wobei Willi Würth betonte, dass er die rechte Spalte der Karte (wo die Preise zu finden sind, Anm. des Autors) gar nicht erst betrachten solle. So schlug Silvio also einen Chevalier Montrachet 1990 von der Domaine Leflaive sowie einen Château Cheval Blanc 1986 vor. »Wird recht sein«, meinte der Gastgeber, winkte den Sommelier herbei und sprach: »Bringen Sie uns drei Flaschen vom Montrachet und zwei Flaschen Cheval Blanc.« Bekanntlich verkehrt in der Zürcher Nobelgastronomie durchaus betuchtes Publikum, doch diese exorbitante Weinbestellung löste auch beim abgebrühten Oberkellner staunende Verwunderung aus, die er kaum zu verbergen vermochte. Nachdem er sich auf den Weg gemacht hatte, die Weine herbeizuschaffen, fragte ich Herrn Würth, warum er diese denn gleich in mehrfacher Ausfertigung bestellt habe. »Das ist ganz einfach«, erwiderte er ernsthaft. »Ich kann es nicht leiden, wenn während des Essens der Wein ausgeht und dann kommt wieder kein Kellner daher!«

Wenn wir schon beim Thema sind: Für den Weinsnob ist der Sommelier die zentrale Figur in der gesamten Brigade eines Restaurants. Doch während er für die meisten Gäste in der Rolle des Freundes und Beraters

auftritt, so ist er für den Weinsnob nicht selten ein Feind, den er zuweilen erst in die Knie zwingen muss, um anschließend das Beste aus ihm herauszuholen. Dass gelegentlich von einer »Diktatur des Sommeliers« die Rede ist, kommt nämlich nicht von ungefähr. Besondere Vorsicht ist etwa beim glasweisen Ausschank von Weinen geboten: Nicht nur, dass die Weine öfters schon längere Zeit offen stehen, ist darüber hinaus gerade dieser Bereich des Weinservice ein beliebtes Vehikel für »Kellerräumungen«. Sollten Sie also den Eindruck gewinnen, dass Ihnen der Herr im Smoking partout einen bestimmten Wein aufdrängen will, so lehnen Sie diese Empfehlung höflich, aber bestimmt ab und nehmen die weitere Weinbestellung für den Abend selbst in die Hand.

Für den nun folgenden »Rachefeldzug« sollten Sie die alte gastronomische Weisheit, derzufolge der Gast König ist, ruhig einmal wörtlich nehmen. Als erstes ordern Sie für sich und Ihre Begleitung ein Glas Champagner. Die Chancen sind gut, dass Ihnen dieses serviert wird, ohne dass der Weinkellner dabei vorschriftsmäßig die Flasche präsentiert. »Entschuldigung, würden Sie uns bitte die Flasche zeigen …?« Abgang des Sommeliers. Wird der Wein serviert, bietet sich gleich Ihre nächste Chance. »Haben Sie den Wein denn verkostet?« »Nein?« Zurück auf Feld eins. So geht es dahin. »Würde es Ihnen etwas ausmachen, den Damen zuerst einzuschenken …?« »Könnte ich einmal den Kork sehen?« »Mir scheint, der Riesling ist etwas zu warm!« »Schade, diesen Wein hätte man doch dekantieren müssen …!!« Man sieht also, dass es jede Menge Möglichkeiten gibt, einem Sommelier den Abend zur Hölle zu machen, wobei man diese Geschütze nur dann auffahren sollte, wenn der Mann auch wirklich Strafe verdient hat. Grundsätzlich ist es vorzuziehen, ihn durch interessierte Fragen und beiläufig ins Gespräch eingestreute Bemerkungen, die Kennerschaft durchblicken lassen, darauf aufmerksam zu machen, dass er es hier nicht mit einem »grünen Jungen« zu tun hat. Erwerben Sie sich auf diese Weise erst einmal seinen Respekt, so wird er es sicher unterlassen, Sie mit den Restposten aus seinem Keller zu belästigen, und Ihnen vielleicht sogar einen ganz besonderen Tropfen, der noch nicht einmal auf der Karte steht, zum Verkosten bringen. Freilich läuft die Sache nicht immer so gut, und man sieht sich mitunter gezwungen, seine Ehre als Weinsnob oder einfach nur als guter Gast zu verteidigen. So saß ich einmal gemeinsam mit einem Freund in einem Wiener Gourmetrestaurant, das kurz vorher seine Pforten geöffnet hatte und daher einem »Lokalaugenschein« unterzogen werden musste. Wir studierten die Weinkarte und fassten einen Brunello ins Auge. Der Sommelier riet uns jedoch ab und empfahl stattdessen einen angejahrten Chianti, den er in den höchsten Tönen lobte. Neugierig geworden, bestellten wir den Wein, der auch prompt gebracht, geöffnet und zum Atmen auf ein einige Meter entferntes Beistelltischchen gestellt wurde. Wenig später erschien ein anderer Ober, ergriff die Flasche und schenkte den Inhalt den sechs am Nebentisch sitzenden Gästen ein. »Pardon«, winkten wir den Sommelier herbei, »würden Sie bitte die Gäste am Nebentisch fragen, wie ihnen unser Wein schmeckt?« Es ist übrigens unwahrscheinlich, dass dieser kleine Vorfall etwas mit dem wenig später folgenden Konkurs des Hauses zu tun hatte.

Eine wichtige Grundregel sollte sich der Weinsnob

noch einprägen, ehe er loszieht, um die Welt der großen Restaurants zu erobern: was auch immer geschieht – Haltung bewahren. Allerdings ist das manchmal leichter gesagt als getan, wie das folgende Beispiel zeigt. Ich war zusammen mit einem Fotografen in Adi Werners formidablem Arlberg Hospiz, und wir genossen ein vielgängiges Menü in der exklusiven »Hospiz Alm«. Nach dem Essen gesellte sich Werner, dessen Weinverkostungen längst Legende sind und ihm weltweiten Ruhm gebracht haben, mit einer Flasche Château Lafite Rothschild 1976 zu uns, und wir plauderten bei einer guten Zigarre über schwerwiegende Dinge wie den Regen in Bordeaux oder die Schneefälle am Arlberg. Am Tisch gegenüber saßen zwei Urlauberpaare, braun gebrannt und wohlgedresst, die sich zu ihrem Menü bereits so manchen Tropfen aus der oberen Preiskategorie kredenzen hatten lassen. Als nun die beiden anwesenden Herren unserer Zigarren ansichtig wurden, überkam sie offensichtlich die Lust, es uns gleichzutun, und sie orderten umgehend zwei mächtige Doppel-Coronas. Es vergingen nur einige Minuten, und das eben noch munter plätschernde Gespräch am Nebentisch verebbte zusehends. Schließlich entschuldigte sich einer der beiden und verließ – inzwischen etwas blass um die Nase geworden – den Raum. Der zweite folgte ihm nur fünf Minuten später, und sie wurden an diesem Abend nicht mehr gesehen. Sanft kräuselte sich noch einige Zeit der Rauch von den verwaisten Zigarren gegen die schwere Holzbalkendecke. Ja, es ist nicht immer leicht, ein Snob zu sein.

Überraschung, Überraschung!

oder: Die Kunst, sich interessant zu machen,
indem man stets das Gegenteil dessen tut, was alle
erwarten …

Sie sitzen mit einer Gruppe honoriger Weinfreunde in einem Restaurant, das für seine ausufernde Weinkarte berühmt ist, und es geht darum, einen passenden Wein zu einem Seeteufel mit Thunfischsauce und Kapern auszuwählen. Die Meinungen driften auseinander. Während die einen zu einem kalifornischen Chardonnay tendieren, tüfteln andere in der Meursault-Abteilung, und schließlich gibt es Eigenbrötler, die an Sauvignon blanc aus Neuseeland denken. Bis Sie dem Treiben ein Ende setzen: »Ich würde einen Clos de Vougeot vorschlagen!« Erstaunte Blicke. Wenn Sie Glück haben, fragt jemand: »Einen was???« Aber das Mindeste, das Sie zu gewärtigen haben, sind ein vielstimmiger Aufschrei und die Frage, wie um alles in der Welt ein Clos de Vougeot zu einem Seeteufel passen soll. Gewiss, Clos de Vougeot kann – bei aller berechtigten Kritik, die man an vielen Weinen dieses burgundischen Grand Cru üben kann – durchaus ein großer Tropfen sein, allerdings ein großer roter Tropfen. Doch jetzt folgt Ihr Auftritt. »Ich meinte den weißen Clos de Vougeot«, sagen Sie langsam, damit es auch alle verstehen, und fügen süffisant hinzu: »Falls so etwas hier vorrätig ist.« Stille. Genießen Sie Ihren Triumph – Sie haben die anderen wieder einmal ausgetrickst. Während nämlich alle Welt den roten Clos de Vougeot kennt, gibt es auch eine einzige, kleine Premier-Cru-Lage in dieser Appelation, auf der reinster Chardonnay wächst. Er trägt den Namen »Le Clos Blanc«, und der Weingarten befindet sich im Alleinbesitz des Weinguts Héritier-Guyot, das genauso kein Mensch kennt wie den weißen Clos de Vougeot. Ich muss gestehen, dass auch ich diesen Wein noch niemals verkostet habe, aber die Auguren sagen, dass es sich dabei um ein eher wackeres als großartiges Produkt handle. Das tut hier freilich nichts zur Sache, geht es doch darum, dass Sie diesen Wein, von dem sonst noch nie jemand etwas gehört hat, anscheinend kennen.

Gut, jetzt könnte man einwenden, dass besagter Tropfen vermutlich gar nicht auf der Karte des Restaurants stehen wird. – Sei's drum, Ihren Zaubertrick haben Sie vorführen können, und dann gibt es ja noch andere, ähnliche Exoten, mit denen Sie dasselbe Spiel spielen können. Gute Ergebnisse zeitigen etwa weißer Beaujolais, roter Sancerre oder roter Puligny Montrachet. Der Trick dabei ist, dass all diese Gebiete jeweils für ihre Weine anderer Farbe bekannt sind; so assoziiert jedermann Beaujolais mit Rotwein oder Puligny Montrachet mit weißem.

Die Chance für den Weinsnob, die anderen zu beeindrucken, ohne deshalb als öder Besserwisser aufzutreten, ist der Überraschungseffekt. Das bedeutet aber auch, dass Sie dieses Thema variieren müssen, um so Ihren Adepten, die Ihre Ideen begierig aufsaugen und selbst bei anderer Gelegenheit mit Ihrem Wissen auftrumpfen, immer einen Schritt voraus zu sein.

Als hervorragende Strategie hat sich etwa die Irreführung erwiesen. Sie führen einen Trick so lange vor, bis alle anderen glauben, Sie nun durchschaut zu haben und zu wissen, wie der Hase läuft. In dem Moment machen Sie es genau wie dieser, wenn er von einem Fuchs verfolgt wird, schlagen einen Haken und lassen Ihre Verfolger ins Leere laufen. Sie praktizieren also so lange das Unerwartete, bis jedermann nichts anderes von Ihnen gewärtigt, und verblüffen dann Ihre erstaunte Mitwelt, indem Sie etwas völlig Banales machen. Ein Beispiel: In Ihrem Stammlokal sind Sie – sowohl beim Service als auch bei Ihren Freunden – bekannt dafür, immer kuriose Preis-Leistungs-Weine aus Kampanien oder Entre-deux-mers zu bestellen, und wenn jedermann genau das von Ihnen erwartet, dann ordern Sie, scheinbar ohne lange nachzudenken, einen Sassicaia. Oder einen Opus One. Also ein teures Markenprodukt, das jeder kennt und für dessen Bestellung keinerlei Insiderwissen notwendig ist. Fragt man Sie dann, warum Sie ausgerechnet diesen Wein, den wohl auch jedes Greenhorn bestellt hätte, ausgesucht haben, so erklären Sie lapidar: »Es ist ein guter Jahrgang, und der Wein ist hier besonders günstig kalkuliert«. Oder: »Ich habe eine verschlossene Zwölferkiste davon in meinem Keller liegen und wollte einmal nachkosten, wie er sich

EIN FLÄSCHCHEN CLOS DU FERNANDEL-FUNÉS WÄR JETZT GUT – ABER NATÜRLICH NUR, WENN SIE EINEN '53er HABEN.

jetzt präsentiert.« Dass Sie Aktien am betreffenden Weingut halten, wäre überhaupt die beste Variante – allerdings eher unwahrscheinlich und daher auch nicht so recht glaubwürdig.

Bluffen Sie – aber richtig

Man kann als Weinsnob zwar alles Mögliche behaupten und zum Besten geben, es wird aber immer nur dann seine Wirkung tun, wenn es auch plausibel ist. So können Sie natürlich frech erklären, Sie hätten einen 1928er Mouton Rothschild oder einen 1921er Latour getrunken, und – weil Sie das irgendwo nachgelesen und auswendig gelernt haben – auch gleich erläutern, wie Ihnen diese Weine gemundet haben. Allerdings müssen Sie dann auch darauf gefasst sein, dass man Sie fragen wird, bei welcher Gelegenheit denn diese exzeptionellen Flaschen geöffnet worden seien, und kein Weingott kann Sie mehr retten, wenn Sie daraufhin stottern, dass Sie die Weine aus Ihrem eigenen Keller geholt und mit ein paar Freunden ausgetrunken hätten. Greift man also zum infamen Mittel des Bluffs, so sollte man sich auch gleich einige stichhaltige Erklärungen zurechtlegen, wo diese grandiosen Verkostungserlebnisse tatsächlich stattgefunden haben könnten. So etwa bei den legendären Weinproben des deutschen Altwein-Gurus Hardy Rodenstock in Adi Werners »Arlberg Hospiz« oder im Münchner Hotel »Königshof«, zu denen allerdings nur handverlesene Gäste geladen werden – und wehe Ihnen, wenn einer von diesen am Tisch sitzt und sich nicht erinnern kann, Sie dort jemals gesehen zu haben. »Direkt auf dem Château« ist ebenfalls eine gute Möglichkeit, nur sollte man dann auch wissen, wie man in dessen heilige Degustationshallen vorgedrungen sein will, wie der Besitzer heißt und so weiter. Besonders kaltblütige Taktiker unter den Weinsnobs schaffen es zuweilen, auch aus dieser brenzligen Situation noch Kapital zu schlagen, indem sie mit kühnen Erzählungen, die aber durchaus plausibel sind, gar noch den Neid der Zuhörer erwecken. »Ja, stellen Sie sich vor, diesen Wein habe ich auf der ›Queen Elizabeth‹ bei der Überfahrt nach New York um einen wahren Spottpreis getrunken, und wissen Sie, wer ebenfalls an Bord war …?« Tat-

EIN WEIN MIT EINEM GANZ EIGENARTIGEN CHARAKTER.

STELLEN SIE SICH VOR, DEN HAB ICH AUF DER ÜBERFAHRT DER 'QUEEN MARY' NACH NEW YORK UM EINEN SPOTTPREIS GETRUNKEN.

A PROPOS: WIE ICH UNLÄNGST AUF DER DOMAINE DE LA ROMANÉE CONTI DIE FASSPROBEN VERKOSTET HABE, …

UND BESONDERS GÜNSTIG KALKULIERT.

ABER FINDEN SIE NICHT AUCH, DASS DER 62er MOUTON DEM 61er KAUM NACHSTEHT?

SAGEN SIE, KANN ES SEIN, DASS WIR ZUFÄLLIG DAS GLEICHE BUCH GELESEN HABEN?

sächlich verfügt der Luxusdampfer über einen exzellent sortierten und äußerst moderat kalkulierten Weinfundus, und die Passagierlisten der letzten zehn Jahre wird aufgrund Ihrer Schilderung wohl auch der größte Zweifler nicht ausheben lassen.

Aber Vorsicht, treiben Sie es nicht zu weit und versteigen sich zur Idee, mit Weinen prahlen zu wollen, von denen weltweit vielleicht nur noch ein Dutzend Flaschen existieren. Deren Verbleib, Verderb oder Verzehr werden nämlich von der internationalen Weingemeinde akribisch und mit einer Sensibilität, die der von seismologischen Warngeräten in Erdbebenzonen gleichkommt, verfolgt. Wenn also irgendwo eine Flasche des ebenso legendären wie umstrittenen »Thomas-Jefferson-Weines« (ein Château Lafite Rothschild 1787*) geöffnet wird, dann blickt die ganze Weinwelt gebannt auf diesen Vorgang, und es wird Ihnen ziemlich schwer fallen, hinterher glaubhaft zu machen, dass Sie dabei Michael Broadbent (der Welt berühmtester Weinauktionator) den Korkenzieher gereicht hätten.

---

* Es war ein neuer Auktionsrekord, als der amerikanische Medienmagnat Christopher Forbes im Jahr 1985 bei Christie's in London eine Flasche Château Lafite 1787, in die fein säuberlich die Initialen »Th. J.« graviert waren, um die fabulöse Summe von 105.000 Pfund (rund 15.000 Euro) ersteigerte. Danach entbrannte unter Experten und Wichtigtuern in aller Welt eine heftige Kontroverse darüber, ob dieser Wein tatsächlich echt sei und aus dem Besitz des späteren amerikanischen Präsidenten Thomas Jefferson stamme, der Ende des 18. Jahrhunderts Botschafter in Paris und als Weinliebhaber bekannt war. Die Frage konnte nie vollständig geklärt werden, denn Forbes hatte dieses Juwel in einer Glasvitrine aufgestellt, wo unter der Hitze der Lampen der Kork einschrumpfte und schließlich in die Flasche plumpste, was Multimillionär Forbes zum Ausruf hinriss: »Ich wäre auf jeden Fall besser dran gewesen, wenn Jefferson das verdammte Ding ausgetrunken hätte!«

Gefahrloser lässt sich's da schon mit den sogenannten »Massandra-Weinen« reüssieren. Ein größerer Posten dieses legendären Zarenweines, den der russische Regent ab dem Jahr 1894 nach dem Vorbild des französischen Château d'Yquem auf der Halbinsel Krim produzieren ließ, gelangte vor einigen Jahren in den Westen. Die Weine mit Jahrgängen zwischen 1905 und 1945 wurden bei Sotheby's in London sorgfältig geprüft und neu verkorkt sowie mit dem Siegel von Massandra versehen, ehe sie zur Versteigerung gelangten. Heute sind sie in alle Winde verstreut, aber zu durchaus erträglichen Preisen (der 1937er beispielsweise schlägt bei einem österreichischen Händler mit rund 350,– Euro zu Buche) noch zu bekommen. Ein leistbarer Betrag, wenn man den Prestigewert dieser Tropfen bedenkt, die durch ihren hohen Zuckergehalt und ihre kräftige Säure das Potential haben, hundert Jahre und länger reifen zu können.

Gute Figur dürften Sie auch machen, wenn Sie behaupten, einen Quinta do Noval Nacional, Jahrgang 1931 verkostet zu haben. Der Nacional nimmt unter den Portweinen nicht nur qualitativ eine Sonderstellung ein, stammt er doch ausschließlich von Reben, die nicht auf reblausresistente amerikanische Veredelungsunterlagen gepfropft wurden. Das ganz Besondere am angesprochenen 1931er ist aber, dass Quinta do Noval der einzige Hersteller war, der in diesem Jahr überhaupt einen Jahrgangsport deklariert hatte. Unter Portliebhabern stellt er daher so etwas wie die Blaue Mauritius unter Philatelisten dar, und so verwundert es nicht weiter, dass er als teuerster Portwein der Welt gehandelt wird. Aus diesem Grund ist es wohl nur für wirklich betuchte Weinsnobs ratsam, mit dieser Trophäe zu prahlen.

Doch zurück zu unserer Strategie der Überraschungen, die sich durchaus nicht nur auf die Weine selbst beziehen muss, was dem Weinsnob wesentlich mehr Variationsmöglichkeiten bietet. So mancher Ober und auch die anwesende Tischrunde lassen sich problemlos in Verwirrung stürzen, indem man eine Gänseleber als Dessert ordert und das – gar nicht unlogisch – damit begründet, dass man an dieser Stelle des Menüs den Süßwein trinken wolle – und nicht am Anfang, wo er nur den Gaumen verklebe und ihn für weitere Genüsse abstumpfe.

Auch der »Käfer-mit-Porsche-Motor-Trick« funktioniert immer wieder blendend, wenn man es darauf anlegt, Sommelier und Patron in Staunen zu versetzen. Ältere Semester werden sich noch daran erinnern, dass sich in den 70er Jahren einige begnadete Autobastler einen Spaß daraus machten, Porsche-Motoren in alte, klapprige VW-Käfer einzubauen. Auf der Autobahn ließen sie sich dann von großen Wagen scheinbar mühelos überholen, um plötzlich aufs Gas zu steigen und den Mercedes-Fahrern eine lange Nase zu zeigen. Ebenso wie diese den Käfer aufgrund ihrer Erfahrungen von vornherein als lahme Ente eingestuft haben, schätzt auch ein Sommelier, Oberkellner oder Patron seine Gäste auf den ersten Blick ein. Schließlich machen Kleider Leute und elegante Damen und Herren in feinstem Zwirn normalerweise die größten Zechen. Sie gehen also ins erste Haus am Platz, ziehen aber keineswegs Ihren besten dunkelblauen Anzug an, sondern ein Outfit, mit dem Sie gerade noch eingelassen werden, wie etwa Jeans und ein zerknittertes Sakko. Man wird Sie auf den ersten Blick als Gast taxieren, der eine Vorspeise konsumieren und dazu nach einem Glas vom offenen

Wein fragen wird. Wenn Sie dann zum siebengängigen Degustationsmenü ein Glas Roederer Cristal 1990, eine Halbflasche Chardonnay »Gaja & Rey« von Angelo Gaja und einen gepflegten Chambertin 1988 von Armand Rosseau ordern, wird der Sommelier aus dem Staunen gar nicht mehr herauskommen – er hat Sie offenbar vollkommen falsch eingeschätzt …

Trainieren geht über Studieren

Für den angehenden Weinsnob empfiehlt es sich allerdings, solche Auftritte erst einmal auf dem Trainingsplatz zu üben, um sich die notwendige Souveränität zu holen, ehe er mit stolzgeschwellter Brust auf dem Centre-Court einmarschiert. Ich selbst hatte einmal zufällig die Gelegenheit dafür, als ich gemeinsam mit meinem Freund Christoph in den ehemaligen Oststaaten unterwegs war, um Restaurants für den weltweit ersten Osteuropa-Restaurant-Guide zu testen. Im Zuge dieser Recherchen wurde uns nicht nur klar, warum sich vor uns noch kein Mensch dieser Ochsentour unterzogen hatte, sondern wir hatten auch ein sehr amüsantes und lehrreiches Erlebnis in einem feinen Restaurant im ungarischen Györ. Hier konnten wir den großen Auftritt des Weinsnobs einmal mehr perfekt und ohne Risiko durchchoreografieren. Nicht nur, dass die Chance, hier Bekannte zu treffen, gleich null war, stellte das Lokal so eine Art »Minimundus« der großen Gourmetlokale des Westens dar, was sich vor allem auch auf die Preisgestaltung bezog. Unser Outfit war normale – also nicht besonders feine – Reisekleidung, die sich nach einer mehrtägigen Tour schon ein wenig ramponiert präsentierte, und wir machten sicher nicht den Eindruck, als hätten wir die Absicht, das Lokal aufzu-

kaufen. So nahmen wir also Platz, bestellten ein mehr-
gängiges Menü – dessen Qualität sich, offen gestanden,
in sehr überschaubaren Grenzen hielt – und vertieften
uns in die Weinkarte. Aber was für eine Weinkarte! Zwar
fanden sich darauf ausschließlich ungarische Weine,
aber die Auswahl war verblüffend. Weißweine bis in die
70er Jahre zurück, Egri bikaver (Erlauer Stierblut, einstmals Ungarns berühmtester Rotwein) aus drei Jahrzehnten und Tokajer bis zum Jahrgang 1940 – das alles
zu Preisen, die für westliche Verhältnisse mehr als bescheiden waren. So bestellten wir also frohen Mutes
drauflos. Erst einmal einen beiläufigen Chardonnay des
aktuellen Jahrgangs, dann einen 83er Egri bikaver. Der
Kellner nahm unsere Bestellung auf, blieb aber neben
unserem Tisch stehen, trat etwas nervös von einem Fuß
auf den anderen und räusperte sich verlegen. »Ent-
schuldigen Sie meine Herren«, hob er schließlich in
recht gutem Deutsch an, schlug die Weinkarte wieder
auf und fixierte mit dem Finger den Preis des von uns
gewählten Weines, »haben Sie denn gesehen, was das
kostet???« Wir standen voll im Training, wie ein Sportler zwei Wochen vor der Olympiade. Wir reagierten
blitzschnell. Ein fast unmerklicher Wink mit der Hand –
ja, wir haben es gesehen, bringen Sie den Wein! Abgang
des Kellners. Wenig später bewegte sich der Chef des
Hauses, einen riesigen Schlüsselbund in der Hand, ge-
messenen Schrittes durch das Lokal und entschwand in
Richtung Keller. Kurz darauf kehrte er zurück und ba-
lancierte auf einem kleinen Silbertablett mit der An-
dacht eines Priesters, der das Allerheiligste durch den
Altarraum trägt, eine verstaubte Flasche vor sich her.
Diese wurde uns präsentiert und an der Theke umständlich geöffnet; dann wurde in ein Glas ein Schlückchen

geschenkt, das sämtliche Bedienstete des Hauses in Augenschein nahmen, aber nicht probierten. Schließlich wurde uns der Wein serviert – und er mundete köstlich. So auf den Geschmack gekommen, orderten wir zum Dessert eine Flasche Traminer Spätlese 1977. Das bekannte Zeremoniell wiederholte sich – vom Kellerschlüssel bis zum Kostschluck. Am Ende des Menüs gelüstete es uns nach einer Zigarre, und weil diese ohne Wein immer so trocken schmeckt und weil wir uns inzwischen bereits einen Sport daraus machten, die gesamte Kellnerschaft in Aufruhr zu versetzen, legten wir noch ein Schäuferl drauf: Ein fünfbuttiger Aszù Tokajer aus dem legendären Revolutions- und Hitzejahr 1956 schien uns dafür genau das Richtige zu sein! Nun verlor das Personal endgültig die Contenance, der Patron maß uns lange und eingehend und prüfte im Geiste wohl bereits unsere Tauglichkeit als Tellerwäscher. Es gab für ihn ganz offensichtlich nur zwei Möglichkeiten: Entweder wir waren verrückt gewordene Magnaten, die noch vor der Jahrtausendwende ihr Vermögen durchbringen wollten, oder Hochstapler, die am Ende des Abends achselzuckend ihre leeren Hosentaschen präsentieren würden. Wir aber tranken mit Genuss unseren Tokajer – ein ganz großer Tropfen übrigens, der eindrucksvoll bestätigte, dass Tokajer nach wie vor zu den besten Süßweinen der Welt zählt –, bezahlten unsere Zeche von nicht viel mehr als 200 Euro, gaben ein stattliches Trinkgeld und verließen das Lokal unter den nicht enden wollenden Honneurs des Personals. Für einen Abend hatten wir uns fühlen dürfen wie die russischen Großfürsten im Paris vor der Jahrhundertwende …

Noch ein paar Tricks

Vielleicht habe ich mit meinen Erzählungen den Eindruck erweckt, das Leben des Weinsnobs sei eine einzige Straße des Sieges – aber ich muss Sie enttäuschen. Irren ist schließlich menschlich. Sollten Sie dies einmal schmerzvoll erfahren müssen, so finden Sie vielleicht Trost in der folgenden kleinen Geschichte. Sie handelt von einer meiner zahlreichen Niederlagen und davon, dass man auch – oder gerade – aus diesen einiges lernen kann. Ich war – damals zählte ich noch zu jenen Weineleven, die gerade einmal über den einen oder anderen Glasrand geschnuppert hatten – mehr zufällig in eine honorige Runde von Weinkennern geraten, die ihre Grundsatzdiskussion über den biologischen Säureab- oder den Barriqueausbau mit einigen guten Flaschen zu flankieren gedachten. Was genau sie darunter verstanden, wurde mir klar, als ein Château Lafite 1986 bestellt wurde. Mit glühenden Ohren und großen Augen verfolgte ich, wie der Ober die damals gerade neu auf den Markt gekommenen »Chianti«-Gläser von Riedel eindeckte, den Wein öffnete, kurz dekantierte und schließlich einschenkte. Nun war ich zwar in der Welt der großen Weine noch fast ein Newcomer, aber meine Hausaufgaben hatte ich doch schon gemacht. Daher war mir sofort klar: Ein großer Bordeaux gehört auch in ein großes Bordeauxglas, wie jene, die hier aus einem Regal so verheißungsvoll herüberblitzten. Ich sah den Moment gekommen, um mit meinem Wissen aufzutrumpfen. »Es wäre doch schade«, argumentierte ich, »einen so großen Wein aus diesen kleinen Gläsern zu trinken.« Der ranghöchste Weinguru am Tisch, einer der Großmeister seines Faches, lächelte milde, erklärte mir, dass es sich bei eben diesem Wein genau umgekehrt verhielte, und forderte mich auf, die Probe aufs Exempel zu machen. »Nichts lieber als das«, erwiderte ich eifrig und ließ mir den Wein zum Vergleich in beide Gläser schenken. Ich war damals vielleicht noch ein Greenhorn, aber meine degustatorischen Fähigkeiten waren immerhin bereits so weit entwickelt, dass mir sofort klar war, dass meine Front nicht zu halten war. Im schlanken, hohen Glas entwickelte der Wein wesentlich mehr Druck, die Frucht stieg konzentriert in die Nase, während er sich in den Weiten des Bordeauxkelches verlor. Es war ein Gebot der Sportlichkeit, die Schlappe einzugestehen und den ruhmlosen Rückzug anzutreten.

Was aber lernen wir daraus? Dass es keine Regel gibt, die immer und überall Gültigkeit hat, und dass, wer sich in Gefahr begibt, am Ende manchmal als begossener Pudel dasteht. Für den Weinsnob hat diese Geschichte freilich noch einen zusätzlichen Nutzen: Dieselbe Falle kann er für vorwitzige Angeber aufbauen – allerdings sollte er die Versuchsanordnung zuerst einmal im stillen Kämmerlein erproben, damit sie in der Praxis auch wirklich funktioniert.

Das Geheimnis der schwachen Jahrgänge

Die Welt der Weinsnobs ähnelt durchaus jener der Großwildjäger – hier wie da wird mit Trophäen geprahlt, die man »erlegt« hat, und wer die größten Trophäen vorweisen kann, ist auch der größte Jäger (oder der größte Lügner!). Wer kennt nicht die Gespräche unter Weinfreaks: »Unlängst hatte ich Gelegenheit, in einer Vertikalprobe vierzig Jahrgänge Cheval blanc zu verkosten!« Oder: »Finden Sie nicht auch, dass der 62er Mouton dem 61er kaum nachsteht?« Da mitzuhalten kann einigermaßen schwierig werden, denn solche Erfahrungen zu sammeln geht ordentlich ins Geld. Nun spricht ja nichts dagegen, wenn man ruhigen Gewissens sagen kann: »Mouton 61 und 62 gut und schön, aber letztlich geht doch nichts über einen Pétrus 1945, vorzugsweise aus der Großflasche …« Ja, es hat unbestritten seine Vorzüge, reich zu sein, aber wem ist das schon beschieden? Unter Tausenden kaum einem. So bleibt dem Weinsnob in solch hochkarätigen Runden oft nur die Möglichkeit, sich durch sein Insiderwissen und sein taktisches Geschick durch schwierige Gesprächssituationen zu manövrieren. Bleiben wir einmal beim Beispiel Pétrus. Angenommen, ein Ölscheich oder Großverleger erzählt Ihnen, er hätte mit viel Genuss einen Château Pétrus 1966 getrunken. Nun gilt 1966 als sehr gutes Bordeauxjahr und Pétrus als Primus inter Pares unter allen großen Bordeauxgewächsen. Gerade 1966 war freilich kein ausgesprochenes Pétrus-Jahr. Vom Weingut La Fleur-Pétrus, das kein Zweitwein von Pétrus ist, aber direkt daneben liegt und vom selben Besitzer geführt wird, jedoch ungleich weniger Prestige besitzt, sagen freilich viele Experten, dass es den »großen Bruder« in diesem Jahr eindeutig übertroffen hätte. Fragen Sie also einfach »Haben Sie denn auch schon den La Fleur-Pétrus 1966 gekostet?« Natürlich nicht, denn wer sich Pétrus leisten kann, wird nicht La Fleur-Pétrus kosten. »Ich muss Ihnen schon sagen«, finalisieren Sie Ihren Vorstoß – »ein kolossaler Wein!« Dasselbe Spiel lässt sich auch mit unterschiedlichen Jahrgängen desselben Château spielen, wobei es sich immer lohnt, über gute Weine aus an sich schlechten Jahrgängen – oder umgekehrt – Bescheid zu wissen. Zur Grundausstattung des Weinsnobs gehört es daher auch, über Schwäche- und Stärkeperioden der Bordelaiser Spitzenweingüter, Niederschlagsverhältnisse und Differenzen zwischen dem linken und dem rechten Ufer der Gironde informiert zu sein. Bescheid wissen heißt hier freilich immer, das zu wissen, was nicht ohnehin für jedermann auf der Hand liegt. Zu sagen, 1990 sei ein großer Jahrgang gewesen, hat unter Weinfreunden einen ähnlichen News-Wert wie die Feststellung, dass die Erde rund sei. Viel eher lässt es sich schon mit einem Wein aus einem an sich miserablen Jahrgang punkten, der dann sensationell schmeckt. (S. auch »Wind & Wetter: Besonderheiten aus sechs Jahrzehnten Bordeaux«).

Die Grundstrategie, die wir in diesem Kapitel dargelegt haben, lautet also, stets das Unerwartete zu tun, um so den Überraschungsmoment für sich zu nützen. Allerdings: Nicht immer, wenn jemand etwas völlig Unerwartetes macht, sind alle überrascht, wie folgendes Beispiel belegt. Es war nach einem lukullischen und bacchantischen Menü, das wir mit einigen Flaschen mittlerem Bordeaux abgerundet hatten, als Frank, ein gestandener Gastronom sowie weltläufiger Weinkenner und Gourmet, auf die Idee verfiel, man müsse nun noch

zum Würstelstand bei der Wiener Oper gehen. Dort angekommen, pflanzte sich Frank, da schon etwas unsicher im Gang, breitbeinig vor dem Würstelbrater auf und fragte in einem Tonfall, als säße er im »Louis XV.« in Monaco: »Könnten wir Champagner bestellen?« Der Herr in der Blechkiste ließ sich dadurch nicht erschüttern und erwiderte freundlich: »Nein, da müssen Sie zum Würstelstand am Graben gehen!«

Eine neue Flasche, bitte!

Die Kunst der Reklamation

Wir waren am Vortag in Pretoria (Südafrika) gelandet und hatten nun die Ehre, mit dem weltberühmten »Blue Train«, einem der nobelsten Luxuszüge der Welt, nach Kapstadt zu fahren, um dort Gastronomie und Weinbau zu »inspizieren«. Nach einem kleinen Whisky setzten sich mein Freund Klaus und ich sowie Kurt-Michael, der als Fotograf mitgereist war, um die von uns ins Auge gefassten »Heldentaten« bildlich festzuhalten, an den festlich gedeckten Tisch im luxuriösen Speisewagen, um zu dinieren. Wir bestellten, was uns gerade Freude machte, und dazu einige der besten südafrikanischen Weine, um uns so richtig auf unseren Aufenthalt einzustimmen. Doch ausgerechnet der »Meerlust Rubicon 1987«, ein schon damals legendärer und rarer Wein, fast eine Ikone des Weinbaus am Kap, korkte. Als Ranghöchster unserer internen önologischen Hierarchie tat ich, was ich tun musste, wie ich es bei John Wayne gelernt hatte (»Ein Mann muss seinen Weg gehen!«) – und reklamierte den Wein beim Sommelier. Nun standen wir uns also gegenüber (das heißt, ich saß eigentlich), die klassische Duellsituation, und die südafrikanische Sonne, die dort täglich scheint, stand schon tief am Himmel und schickte ihre letzten Strahlen über die Steppe. Wer würde als erster nervös werden und vielleicht einen Fehler machen? Der Sommelier verkostete den Wein und erklärte keck, dass dieser vollkommen in Ordnung wäre. Unerhört, das war doch gegen jede Spielregel! Während ich hektisch nach einer geeigneten Waffe suchte, um zurückzuschlagen, erhob sich Klaus zu seiner vollen Größe – die knapp unter zwei Metern liegt, wobei sich sein Umfang mit dem einer 200-jährigen Eiche messen kann – und verkündete, im wahrsten Sinne des Wortes, von oben herab: »Sie wissen wohl nicht, wen Sie vor sich haben? Dieser Herr ist zufällig der Weinpapst von Österreich. Wie können Sie es wagen, an seinen Worten zu zweifeln? Jetzt nehmen Sie diese Flasche und bringen gefälligst eine neue!« Es war vielleicht nicht die feinste Art, einen korkenden Wein zu reklamieren, aber zweifellos die effektivste, die ich je erlebt habe.

Allerdings hat man nicht immer einen Fürsprecher von so imposanter Statur und Autorität, wie Klaus sie verkörpert, zur Seite. Vielmehr ist man mit seinem Problem zumeist sehr allein. Vorsicht bei Reklamationen ist jedenfalls geboten, denn man begibt sich hier auf ungesichertes Terrain, wobei als weitere Unwägbarkeit hinzukommt, dass man nicht weiß, wie Patron oder Sommelier gerade aufgelegt sind. Das Wichtigste ist, sich zu überlegen, ob die Reklamation auch wirklich gerechtfertigt ist, ehe man den Ober heranwinkt, um ihm die Beschwerde mitzuteilen. Freilich ist der Weinsnob keiner, der sich nicht zu reklamieren traut, schließlich will er genießen, und wenn ihm etwas den Genuss verdirbt, dann wird er ebenfalls ungenießbar. Handelt es sich also um eine berechtigte Reklamation, so scheut der Weinsnob nicht davor zurück, wenn es notwendig sein sollte, bis zur höchsten Instanz zu gehen. Zeigt sich der Sommelier uneinsichtig, so verlangt er den Patron, und wenn dieser ebenfalls der Meinung ist, dass in einem

Wirtshaus der Wirt immer Recht hat, so bleibt ihm immer noch, laut und für alle anderen Gäste vernehmlich zu verkünden: »Ich werde diesen Wein bezahlen, aber ich bin nicht bereit, meinen Gaumen von diesem Fusel beleidigen zu lassen!« Dass ein Wirt, der es so weit kommen lässt, von Stund an auf der schwärzesten aller schwarzen Listen steht, bedarf eigentlich keiner weiteren Erwähnung.

Nicht selten reklamieren Gäste in Restaurants aber auch Umstände, die gar keinen Anlass zur Beschwerde geben. Reklamieren, um zu schikanieren, ist freilich des Weinsnobs Sache nicht, und wer glaubt, er müsse sich beschweren, um ernst genommen zu werden, ist kein Snob, sondern ein Querulant.

Wenn etwa der bestellte Wein nicht den eigenen Vorstellungen oder Erwartungen entspricht, dann ist das noch kein Fehler, auch dann nicht, wenn er vom Sommelier empfohlen wurde. Ebenso wie man mit Weinen oft freudige Überraschungen erlebt, kommt es natur-

URBI ET -HICK!- ORBI.

Weinpapamobil

gemäß immer wieder vor, dass der Wein anders schmeckt als erwartet oder eben nicht zum servierten Gericht passt.

Eine falsche Serviertemperatur zu beanstanden ist zumindest eine heikle Sache, sofern der Wein nicht schon im Glas köchelt oder einzufrieren droht. Zwar gibt es dafür Richtwerte, doch ist eine gewisse Bandbreite durchaus akzeptabel, zumal es dem Wein nicht unbedingt gut tut, wenn er nach der Reklamation in einen Kübel mit Eiswürfeln gesteckt und gnadenlos heruntergekühlt wird. Ist er hingegen zu kalt, so löst sich das Problem ohnehin von selbst, wenn er ein paar Minuten im Glas zugebracht hat.

Wenig Sinn hat es, etwas zu reklamieren, das es nicht gibt. Die Frage »Warum haben Sie eigentlich keinen Rioja von …« hat noch selten bei einem Wirt Stürme der Begeisterung ausgelöst, geschweige denn den geforderten Wein auf den Tisch gebracht. Ist man mit der gebotenen Weinauswahl nicht zufrieden, so befindet man sich vielleicht einfach im falschen Lokal.

Entschließt man sich, zur Feier des Tages einen ganz besonderen Tropfen entkorken zu lassen – was man übrigens im Lokal rechtzeitig avisieren sollte –, so ist der Jammer natürlich groß, wenn der Wein korkt oder fehlerhaft ist. In solchen Fällen heißt es, mit dem Wirt auszuhandeln, wer für den Schaden aufkommt. Dabei gelten gewisse Usancen, die jedoch nicht bindend sind. Grundsätzlich kann man davon ausgehen, dass man jüngere Weine in so einem Fall nicht auf die Rechnung gesetzt bekommt. Bei älteren Weinen – und steigendem Risiko – werden die Kosten meist geteilt. Handelt es sich um Weine, die älter als dreißig bis vierzig Jahre sind, so muss man wohl oder übel die Börse zücken;

allerdings sollte man vom Sommelier oder Wirt auf diesen Umstand aufmerksam gemacht werden, bevor man die Flasche bestellt.

Doch nun von den vermeintlichen zu den echten Reklamationsgründen. Unter den möglichen »Defekten« des Weines ist ein handfester Korkgeruch sozusagen noch ein echter »Glücksfall«. Der Wein korkt heftig, das kann auch ein Laie mit einem einigermaßen entwickelten Geruchssinn feststellen, kein Widerwort des unseligen Weinkellners hilft; ab damit und eine neue Flasche auf den Tisch. Doch auch beim Kork gibt es Grenzfälle, über die man streiten kann. Denn einerseits kann es sich nur um einen Hauch von Kork handeln, andererseits gibt es Weine, wie etwa Bordeaux aus St. Estephe, deren typischen Geruch selbst Weinkundige im ersten Moment oft mit Kork verwechseln.

Ein netter Defekt, weil leicht dingfest zu machen, ist »Perlwein«. Weist der Wein ein Mousseux auf, ohne dass er etwa ein Sekt oder Champagner wäre, so hat er wohl in der Flasche eine Nachgärung erlitten. Weg damit.

Wenn Ihnen die Sache stinkt, sprich, es entsteigt dem Glas ein Geruch nach Schwefel oder faulen Eiern, so hat der Wein aller Wahrscheinlichkeit nach einen Böckser, worüber man nur wissen muss, dass es sich um einen Gärfehler handelt. Auch diesen Wein sollte der Patron anstandslos ersetzen.

Dasselbe gilt – jedenfalls in einem Haus mit einer gewissen Klasse – für falsche Jahrgänge des richtigen Weines. Öffnet der Kellner den Wein, ohne den Gast darauf aufmerksam gemacht zu haben, dass es sich nicht um den bestellten Jahrgang handelt, so liegt es ganz im Ermessen des Gastes, ob er die Flasche akzeptiert oder zurückschickt.

Mitunter kommt es natürlich auch vor, dass ein Gastronom Grund hat, sich über einen Gast zu beschweren. Legendär ist etwa jene »Reklamation«, die der verstorbene französische Meisterkoch Jacques Pic einem Gast übermitteln ließ. Dieser hatte es nämlich gewagt, nach dem ersten Gang eine Zigarette anzuzünden. Daraufhin ließ ihm Pic die Rechnung servieren. Der empörte Gast verlangte Rechenschaft vom Chef persönlich, der ihm diese auch prompt gab: »Sie hatten angefangen zu rauchen, also nahm ich an, dass Sie mit dem Essen fertig sind!«

Falle Blindverkostung

*Die gefährlichsten Momente im Leben des Weinsnobs –
und wie er sie meistert*

*Harry Waugh, berühmter englischer Weinkaufmann und
Ehrenmitglied des Institute of Masters of Wine, wurde
einmal gefragt, ob er jemals Bordeaux und Burgunder
verwechselt habe. »Nicht mehr seit dem Lunch«, antwortete Waugh. Ein Ausspruch, der in die Annalen einging.*

»Ich denke, es ist ein Alte-Welt-Wein, diese markante
Struktur, die nervige Säure, die doch strengen Tannine –
ja, es ist ein Bordeaux!« Zustimmend nickte der Patron
des Gourmettempels. Ich tastete mich weiter vor. »Der
Wein ist nicht mehr jung, das sieht man am schmalen
Wasserrand, der dann in eine bräunlich-rötliche Farbe
übergeht. Ende der 70er Jahre nehme ich an, wobei« –
ich verkostete einen Schluck – »es sich um einen exzellenten Tropfen handelt, also scheiden die schwachen
Jahrgänge 1977 und 1980 aus. Es sollte also ein 78er
oder 79er sein, und zwar ein großes Gewächs. Die erdi-
ge Note, die animalische Kraft und die Gewürztöne lassen mich auf einen Wein aus Graves tippen, und zwar
entweder Haut-Brion oder La Mission-Haut-Brion,
wobei 79er Haut-Brion die Nase vorne hatte, während
der 78er La Mission vielleicht sogar der beste Wein des
Jahrgangs ist, allerdings müsste der 79er Haut-Brion
eigentlich schon reifer sein. Dieser Wein erfreut sich
aber einer geradezu jugendlichen Frische, ich vermute
daher, dass wir einen Château La Mission-Haut-Brion

1978 im Glase haben!« Der Patron verneigte sich, die anderen Gäste am Tisch waren baff. Ich lehnte mich zurück. Und dann klingelte plötzlich der Wecker …

Gut, ich habe diese Geschichte frei erfunden, aber so ungefähr funktioniert es, das blinde Erkennen von bestimmten Weinen, vorausgesetzt man verfügt über ein lexikalisches Weinwissen, einen feinen Gaumen und die Erinnerung an Abertausende verkostete Weine. Auch wenn die Geschichte, die ich Ihnen da gerade aufgetischt habe, reine Fiktion ist, muss ich zu meiner Ehrenrettung sagen, dass ich tatsächlich schon so manchen Wein blind erkannt habe. Aber ich habe mich auch schon geirrt, und zwar zweifellos öfter. Immerhin bleibt mir der Trost, dass die Anwesenden meine Triumphe meist wohlwollend in die Weinwelt hinaustragen, während sie meine Niederlagen milde vergessen. Nun ist es zwar so, dass diese »Blind Tastings« zu den absoluten Lieblingsspielen in der Weinszene gehören, doch sind die Chancen, sich dabei mit Ruhm zu bekleckern, relativ gering. In Anbetracht der Tatsache, dass alljährlich etliche Millionen verschiedene Weine auf den Markt kommen, geraten solche Prüfungen selbst für echte Profis meist zum Lotteriespiel. Natürlich kommt es immer wieder vor, dass jemand Weine blind erkennt – wenn auch viele dieser Geschichten erst durch die entsprechende Ausschmückung des Erzählers so wirklich spektakulär wirken –, und natürlich gibt es talentiertere und weniger talentierte Weinverkoster. Meist liegt das Geheimnis des Erfolges aber in der Spezialisierung. Bei einer unüberschaubaren Vielfalt an Weinen aus aller Welt – die ja inzwischen immer und überall verfügbar sind – hat man dann die besten Chancen, wenn man seine Verkostungstätigkeit möglichst auf ein Gebiet oder eine Sorte – wie

Riesling von der Mosel oder aus der Wachau, Elsässer Gewürztraminer, Bordeaux, Burgund, Piemont oder Toskana – beschränkt. Dabei stellt sich dann allerdings die Frage, ob der eine oder andere Verkostungserfolg einen »trainingsbedingten« Verzicht auf all die anderen herrlichen Weine wirklich rechtfertigt.

Doch auch für Weinsnobs, die sich nicht derart kasteien wollen – schließlich ist man ja weder Sportler noch Wissenschaftler –, gibt es einige Möglichkeiten, aus der unvermeidlichen Blindprobe mit unbeschädigtem Image hervorzugehen. Zu den elegantesten Lösungen zählt das Abschieben der Verantwortung auf ranghöhere Weinauguren am Tisch. »Ja, ein interessanter Wein, was meinen Sie dazu, Herr …?« Damit haben Sie den Ball sozusagen volley weitergespielt, und die Aufmerksamkeit wird sich nun ganz auf den Angesprochenen konzentrieren. Je weiter Sie jedoch in der Hierarchie der Weinsnobs nach oben klettern, umso größer wird die Wahrscheinlichkeit, dass man gerade Ihnen diese Frage stellt, und damit haben Sie dann wohl den Schwarzen Peter in der Hand.

Da heißt es nun Ärmel aufkrempeln, aber vor allem einmal Gehirn einschalten, denn Weine blind zu erkennen ist nicht, wie man annehmen könnte, eine reine Angelegenheit der Geschmackspapillen, sondern auch eine der Ganglien. Oder anders ausgedrückt: Des Rätsels Lösung liegt meist nicht nur auf der Zunge, sondern wird vielmehr durch intensives Nachdenken gefunden. Somit gilt es zunächst, für sich einige Fragen zu klären, noch bevor man das Glas überhaupt in die Hand nimmt.

Welche Weine liegen im Keller? Man hat ja zumeist vorher die Weinkarte studiert und sich zumindest die stark vertretenen Gebiete gemerkt; selbst wenn die Karte mehrere hundert Posten umfasst, bedeutet das eine deutliche Einengung des Kreises von einigen Millionen.

Welchen Wein haben wir zuvor getrunken? Weine werden in der Regel in »aufsteigender Kostfolge« serviert; es ist also anzunehmen, dass der Sommelier einen Wein gewählt hat, der in der Wertigkeit über dem zuletzt getrunkenen liegt; schließlich will er zeigen, was er zu bieten hat.

Welche Vorlieben hat der Patron/Sommelier? Jeder Gastgeber neigt dazu, seine Gäste mit Weinen zu beglücken, die ihm selbst auch schmecken.

Was bin ich dem Wirt wert? Man versucht abzuschätzen, in welcher Preisklasse sich der Wein etwa bewegen wird; ist man in einem Restaurant erstmals zu Gast, wird wohl kaum der legendäre (und immens teure) Château Latour 1959 als Blindprobe serviert werden.

Hat man diese theoretischen Vorarbeiten abgeschlossen, so kann es ans eigentliche Verkosten gehen. Schenkt der Sommelier den Wein aus einer verhüllten Flasche bei Tisch ein, so gilt es, die Augen weit aufzusperren. Aus der Form des Flaschenhalses lässt sich oft bereits einiges ablesen (etwa ob es sich um einen Bordeaux oder Burgunder handelt), und auch die Farbe der Kapsel kann entscheidende Hinweise liefern (wie viele international gehandelte Weine außer »Dreams« von Jermann haben eine violette Kapsel, wie viele außer »Sassicaia« eine blaue?).

Bei der eigentlichen Degustation ist es meist schwer, auf Anhieb zu sagen, von wo ein Wein herkommt, zumal sich viele Weine weltweit immer ähnlicher werden. Ein probates Mittel ist die Ausgrenzungsmethode, wobei man überlegt, von wo der Wein höchstwahrscheinlich nicht herkommen kann. Die übrig gebliebenen Gebiete sind dann näher ins Auge zu fassen.

Eine Jahrgangsbestimmung erfolgt neben dem Duft (unreif und grün, reif, bereits überreif) vor allem durch die Farbe. Dichte, dunkelgranatrote bis tintig-schwarze Rotweine sind sehr jung; mit zunehmendem Alter zeigt sich am Glas ein durchsichtiger Wasserrand, an den ein Bereich mit bräunlicher bis ziegelroter Farbe anschließen kann. Außerdem: Bordeaux sind meist dunkler als Burgunder, Pomerol ist dunkler als Médoc und so weiter. Menschen mit gutem Gedächtnis können nun ihr Jahrgangsregister ziehen und überlegen, welche im angepeilten Bereich die guten und welche die schlechten Jahre waren, um daraus abzuleiten, wie reif sich der Wein jetzt präsentieren müsste.

Von hier an hilft aber tatsächlich nur noch erkennen – was nur möglich ist, wenn man den Wein bereits einmal getrunken hat – oder raten. Sollten Sie das Geheimnis tatsächlich lüften, wird Ihnen die Ehrerbietung und Anerkennung Ihres »Quizmasters« auf Lebenszeit sicher sein. Wenn nicht, ist es auch kein Unglück, denn an dieser Aufgabe sind, wie gesagt, schon die größten Meister dieses Fachs gescheitert.

Eines sollten Sie abschließend noch bedenken: Je größer Ihr Ansehen als Degustator ist, desto gefinkelter werden auch die Proben ausfallen, auf die man Sie stellt. Das heißt: Serviert man Ihnen Cabernet, dann natürlich einen untypischen Cabernet, der wie Merlot schmeckt. Kommt Bordeaux, dann wird es einer sein, der wie Burgunder riecht. Ist es Burgunder, dann ein harter und verschlossener Bursche, der genauso gut aus dem Bordelais stammen könnte. Ach ja, und wenn man Ihnen im Sommer bereits einen Wein aus dem hierzulande erst kommenden Jahrgang serviert – ein beliebter Taschenspielertrick der Sommeliers –, dann winken Sie einfach routiniert ab und sagen: »Danke, ich habe nichts für Weißweine aus Südafrika übrig!«

Champagner – die Muse des Weinsnobs

und wie man ihn richtig verkostet

»Kommt schnell – ich verkoste Sterne!« – Angeblich die Worte des »Champagner-Erfinders« Dom Pérignon, als er den allerersten Schluck dieses neuen Getränks probierte.

Erinnern Sie sich an die Szene in einem James-Bond-Film, als »007« mit der Lässigkeit, die ihm angeboren scheint, eine Kiste »Bollinger R.D.« aufs Zimmer bestellte? »Ach, einmal so nonchalant, so weltmännisch und gewandt sein wie James ...« werden Sie sich vielleicht gedacht haben. Aber was zum Teufel ist Bollinger R.D.? Es ist Champagner aus dem Hause Bollinger, der beste, um präzise zu sein. Eine sogenannte »Prestige-Cuvée«, und das Kürzel »R.D.« bedeutet so viel wie »récemment dégorgé«; das heißt, dass der Champagner erst kurz vor dem Verkauf von der Hefe befreit wird, was ihm besondere Frische garantiert. Das nicht zu wissen mag für einen Weinkenner gerade noch angehen, für einen Weinsnob ist eine solche Bildungslücke aber unter keinen Umständen tolerierbar. Immerhin ist Champagner (den echten Weinsnob erkennt man übrigens allein schon daran, dass er sich hartnäckig weigert, die eingedeutschte Version »Champagner« zu verwenden, und stattdessen auf dem französischen »Champagne« beharrt) nicht nur das sinnlichste und verruchteste unter allen Getränken, sondern auch der Inbegriff von Glanz, Noblesse, Luxus und nicht zuletzt Dekadenz.

Somit ein edler Rebensaft, der wie für den Weinsnob geschaffen scheint. Doch nicht nur aus diesem Grund ist es für ihn fast unerlässlich, sich ein wenig näher mit dieser prickelnden Materie auseinander zu setzen. Denn im selben Maß, wie alle Welt es liebt, Champagner zu trinken, gibt es kaum jemanden, der darüber mehr zu sagen weiß, als dass er lustig prickelt und gut schmeckt. Eindeutig zu wenig, um als Weinsnob zu reüssieren, zumal gerade dort Punkte zu sammeln sind, wo andere vollkommen im Dunkeln tappen. Dasselbe gilt noch in verstärktem Maß für das Verkosten des edlen Sprudels, das selbst für Weinprofis eine echte Hürde darstellt. Champagner ist doch eine ganz eigene Welt, und um ihn fachgerecht zu beurteilen, bedarf es auch eines gewissen Instrumentariums, sowohl was die Sensorik als auch was das blumige Vokabular angeht. Ein Grund mehr für den Weinsnob, sich auf ein kleines Tête-à-tête mit diesem prickelnden Trinkvergnügen einzulassen, für dessen Grundlagen ich einen Champagner-Blitzkurs zusammengestellt habe. Werden Sie also in Kürze zum Schampus-Experten, der nicht nur launig über die Perlenspiele im Glas zu plaudern versteht, sondern auch jederzeit mit professioneller Attitüde zur Verkostung schreiten kann.

Was ist Champagner?

Der Champagner stammt ausschließlich aus dem gleichnamigen französischen (A.C.) Weinbaugebiet, dem nördlichsten des Landes, wobei der Name einem weltweiten Markenschutz unterliegt, der von den großen Champagnerhäusern argwöhnisch gehütet und gegebenenfalls auch gnadenlos mit Klagen durchgesetzt wird. »Erfunden« hat ihn ein gewisser Dom Pérignon, vermutlich um 1688, als er Kellermeister des Benediktinerordens in Hautvillers war – was historisch nicht ganz korrekt ist, aber dennoch gut klingt. Die allererste Prestige-Cuvée, die das Haus Moët & Chandon im Jahr 1921 kreiert und im Jahr 1937 auf den Markt gebracht hat, trägt seinen Namen. Die meisten Champagner bestehen aus roten Pinot-noir- und weißen Chardonnaytrauben, wobei das Ergebnis sowohl weißer als auch Roséchampagner sein kann; als Blanc de Blancs bezeichnet man hingegen den seltenen, ausschließlich aus Chardonnaytrauben hergestellten weißen Champagner.

Die Qualitätsskala beginnt bei den »einfachen« – bei Preisen zwischen 15 und 35 Euro ein etwas kühnes Wort – Champagnern ohne Jahrgangsangabe. Jahrgangschampagner werden in kleineren Mengen und nur in guten Jahren hergestellt – ihre hohe Qualität hat auch einen entsprechenden Preis. Schließlich gibt es noch die »Überchampagner«, kurz Prestige-Cuvées genannt. Sie tragen klingende Namen wie »Belle Epoque« oder »La Grande Dame« und weisen zumeist – aber nicht immer – eine Jahrgangsangabe auf. Am sichersten er-

kennt man sie freilich am Preis, der selten unter 70 bis 80 Euro pro Flasche liegt.

Ein Wort zur Herstellung: Nach der normalen Vergärung von Most zu Wein wird – außer bei Jahrgangschampagner – die »Assemblage« vorgenommen, das heißt, die Cuvée aus mehreren Grundweinen oft unterschiedlicher Jahrgänge zusammengestellt. Nach der Zugabe der »Dosage«, einer Lösung aus Wein oder Traubenmost, aufgelöstem Zucker und Hefe, erfolgt die zweite Gärung in der Flasche, bei der die Kohlensäure entsteht. Durch das Rütteln der Flaschen sammelt sich die Hefe im Flaschenhals, ehe sie vor der endgültigen Verkorkung »degorgiert« wird. Dabei gefriert man die Hefe im Flaschenhals und schießt sie schließlich durch den Druck der Kohlensäure heraus – zurück bleibt glasklarer Schaumwein.

Während große Jahrgangschampagner eine Lebenserwartung von zehn bis zwanzig Jahren haben, erreichen Flaschen, in denen die Hefe verbleibt, noch ein weit höheres Alter. Erst nach dem Degorgieren beginnt ein rascher Alterungsprozess. Bei Proben in den Kellern der großen Champagnerhäuser stellt sich übrigens immer wieder heraus, dass selbst Champagner aus dem letzten Jahrhundert noch durchaus Trinkvergnügen bereiten können, soferne sie auf der Hefe gelagert wurden und erst kurz vor der Probe degorgiert werden.

Wie man Champagner richtig verkostet
Nehmen Sie sich nicht mehr als ein halbes Dutzend Champagner für eine Verkostung vor, da durch die sprudelnden Perlen (aggressive Kohlensäure) Zunge und Gaumen schnell abstumpfen. Für die Verkostung

eignet sich ein Aufbau in fünf Akten, welcher der Aristotelischen Regelpoetik nicht unähnlich ist.

1. Das Vorspiel: die Wahl des Glases und der Temperatur

Dass unterschiedliche Glasformen den Geruch und auch den Geschmack von Wein verändern, gilt ebenso für den Champagner. Deshalb sollte man für »einfachen« Champagner die klassische Flötenform wählen, die vor allem Frucht und Frische, aber auch das perlende Erlebnis dieser Schaumweine hervorhebt.

Tulpenförmige Gläser, die sogenannte »Syskaform«, vermindern die Schaumbildung im Mund, wodurch Sekt leichter trinkbar und verträglich wird. Sektschalen eignen sich insgesamt am wenigsten, da sie das Mousseux (Perlenspiel) zu rasch freisetzen und auch was das Handling betrifft nicht gerade praktisch sind.

Werden Jahrgangschampagner oder Prestige-Cuvées zur Verkostung gereicht, so empfiehlt sich ein Champagnerkelch mit leicht nach innen verlaufender Glaswand, weil dieses Glas sowohl das feine Mousseux als auch reife Aromen am besten zur Geltung bringt.

Achten Sie stets darauf, dass Sie saubere Gläser ohne die geringsten Spülmittelrückstände zur Verfügung haben. Das Glas sollte nur zu zwei Dritteln gefüllt werden, um das Bukett des Champagners optimal in Richtung Nase zu lenken.

Die beste Trinktemperatur für Champagner liegt übrigens zwischen sechs und elf Grad Celsius. Eine höhere Temperatur (max. 13 Grad C) hebt etwaige Fehler hervor und verstärkt gewisse Duftstoffe.

2. Prickelnder Augenblick:
Perlenspiel und Farbnuancen

Das feine Aufschäumen des Perlenspiels sollte zuerst ins Auge gefasst werden. Achten Sie darauf, ob die Bläschen fein oder üppig wirken und ob die Perlen lebhaft oder eher zurückhaltend aufsteigen. Man spricht dabei von einem feinen, mittleren oder groben Mousseux. Sehen Sie regelrechte Perlenketten, die immer vom selben Punkt aufsteigen, so ist dies wahrscheinlich auf den Mousseuxpunkt (eine absichtlich eingeschliffene raue Stelle im Glas) zurückzuführen.

Eventuell bildet sich an der Oberfläche eine deutliche Perlenkette; »belle mousse« nennen die Franzosen dieses prickelnde Schauspiel. Wenn sich die Blasen bereits im Wein an der Glaswand auflösen, kann dies an einem flachen Champagner, eher aber an einem unsauberen Glas liegen.

Nehmen Sie auf alle Fälle einen Schluck Champagner in den Mund, und spüren Sie das Schäumen an Ihrem Gaumen und auf der Zunge: Perlt es lebhaft und stark oder eher schwach und bescheiden? Zweiteres ist wahrscheinlich ein Hinweis auf das Alter, da die Kohlensäure mit der Zeit nachlässt.

Nun lenken Sie Ihre Aufmerksamkeit auf die Farbe des Schaumweines. Champagnerweine entfalten beachtliche Nuancen: Von hellem Gelb bis Goldgelb, von einem Grüngelbton über gelbgoldig bis ins Altgold reicht die Farbpalette, wobei jüngerer Champagner heller ist und die Farbe mit dem Alter dunkler wird. Die Zart- bis Lachsrosatöne der Roséchampagners sagen nichts über die Qualität aus, es handelt sich eher um Markenzeichen der Kellereien.

3. Erste Verführung:
Der Geruchstest
Nehmen Sie nach dem ersten Aufschäumen den Geruch langsam und tief in die Nase auf. Ein zartes, normales oder kräftiges Bukett ist der erste Eindruck, und spätestens jetzt beginnen die Diskussionen der Kenner: Erschnuppern Sie ein blumiges (Lindenblüten, Veilchen, Orangenblüten), fruchtiges (Zitrone, Pfirsich, Apfel, Mango, Himbeere) oder pflanzliches (frische Mandeln, Trüffeln) Aroma, eines aus der Abteilung Trockenfrüchte (Rosinen, Feigen), ein nussiges (Haselnuss) oder gewürziges (Gewürzbrot, Vanille, Honig)? Ob Sie vielleicht eine Kombination mehrerer Aromagruppen entdecken, kommt ganz auf Ihre Nase an.

4. Der Moment der Wahrheit: Geschmack und
Harmonie
Wie bei allen Verkostungen hat der Geschmack das größte Gewicht. Nehmen Sie einen Schluck, behalten Sie ihn einige Augenblicke im Mund, und lassen Sie den Champagner am Gaumen ein wenig »rollen«. Beurteilt

wird die Summe aus Alkohol (leicht, klassisch oder schwer) und Extrakt (Körper). Die schon im Geruch auftretenden Aromastoffe werden vielleicht wieder erkannt, es können aber auch andere Aromen am Gaumen dominieren. Jetzt gilt es den Charakter des »Königs aller Weine« zu eruieren: Hat er »Körper« – schmeckt er vollmundig, intensiv und gehaltvoll – oder »Seele« – ist er also ein vollendeter, komplexer Champagner, dessen Reife und Tiefe in Einklang miteinander stehen? Seine Persönlichkeit kann aber auch von »Geist« – also ein leichter, spritziger, erfrischender oder feuriger Champagner – oder »Herz«, wenn er sanft auf der Zunge zergeht und als besonders anmutig und geschmeidig empfunden wird, geprägt sein. Harmonie bezeichnet das Gleichgewicht aller Elemente, vor allem zwischen Säure und Süße, und entsteht durch die Dosage bzw. eine gewisse Reife erlesener Grundweine.

5. Erinnerungswert: der Abgang

Als aufmerksamer Genießer beschreiben Sie natürlich auch den Abgang des Champagners, also jenes Gefühl, das in der Mundhöhle nach dem Genuss des prickelnden Getränkes verbleibt. Dieses lässt sich mit »kurz« und »flüchtig« bis zu »lang anhaltend« ausdrücken. Natürlich kann Champagner auch geschmackliche Impressionen wie »süßlich« oder »bitter«, vielleicht sogar bittersüße Eindrücke, in Ihrem Gedächtnis hinterlassen.

Die Kritik, wie dies auch beim klassischen dramatischen Aufbau üblich ist, gehört zwar nicht mehr zum eigentlichen Schauspiel der Verkostung, ist aber deshalb nicht minder spannend. Ganz im Gegenteil.

Bei Ihrem abschließenden Urteil über die verkosteten Champagner können Sie ebenso Ihrer eigenen Phan-
tasie freien Lauf lassen, wie auf die Erfahrungen anderer Degustatoren zurückgreifen.

Weinsnobs Favorites

Wie wir bereits wissen, ist Champagner nicht gleich
Champagner, und während der Wein-Normalverbrau-
cher bereits ehrfürchtig erschauert, wenn er nur das
Wort »Champagner« vernimmt, gilt für den Weinsnob
wie immer der eherne Grundsatz, dass das Beste gerade gut genug ist. Dabei kann es sich aber zweifellos nur
um Jahrgangschampagner oder noch besser Prestige-
Cuvées handeln, die, nicht nur was den Preis angeht,
die imposantesten Vertreter ihrer Gattung darstellen.
Ich habe mir daher – in aller Bescheidenheit – erlaubt,
einige meiner persönlichen Favoriten auszuwählen und
diese ein wenig zu charakterisieren – auf dass dem
Weinsnob die Wahl leichter fallen möge.

Krug, Clos du Mesnil, Blanc de Blancs
Typischer Champagnerton in höchster Verfeinerung,
»fliegt fast«, »eigentlich nicht mehr von dieser Welt«;
unglaubliche Präsenz am Gaumen, enorme Reintönigkeit
und Klarheit, man hat das Gefühl, dass die Perlen nur
ein Zehntel der Größe der Perlen von anderen Champa-
gnern haben, unaufdringliche Eleganz am Gaumen,
überschäumendes, extrem feines Mousseux.

Krug ist so etwas wie der Pétrus unter den Champagnern. Nur dass sich an den Produkten des von einem
Deutschen im Jahr 1843 gegründeten Champagner-
hauses eher die Geister scheiden als am Wein des Bordelaiser Top-Château. Als einziger nennenswerter Pro-

duzent vergärt man alle Grundweine noch in kleinen Eichenfässern, was dem Champagner einen eigenen, oft überreif-burgundisch wirkenden Charakter verleiht. Für viele Kenner gilt Krug daher als das Nonplusultra in Sachen Champagner, während er Anhängern einer frischen, fruchtigen Linie wie der Leibhaftige in der Champagnerflasche erscheint. Der »Clos du Mesnil« ist ein rarer Lagenchampagner aus einem 1698 angelegten, von einer Mauer umgebenen Weinberg. Nur in Spitzenjahren werden 10.000 bis 18.000 Flaschen dieses reinen Chardonnaychampagners hergestellt.

Bollinger, R.D.
Ein großartiger Champagner, der sich aber noch eher mit anderen vergleichen lässt als Clos du Mesnil, der eine Welt für sich darstellt; eigener, starker Charakter, Hauch von Birnennote, perfekte Harmonie, am Gaumen viel Fülle, lang; macht viel Freude.

Bis zu zehn Jahre wird dieses Spitzenprodukt aus dem Hause Bollinger auf der Hefe gelagert, die erst unmittelbar vor dem Verkauf entfernt wird. Das Datum auf der Rückseite des »R.D.« zeigt an, wann dieser Vorgang erfolgt ist, und stellt damit eine Art »Frischegarantie« dar.

Louis Roederer, Cristal
Enorme Finesse im Duft, Hauch von Birne in der Nase von extremer Feinheit, lebendig, saftig und kraftvoll; geht am Gaumen mächtig auf, füllt ihn aus, herrliches Mousseux.

Ursprünglich war die »Cuvée Cristal« ausschließlich für den russischen Zarenhof reserviert. Für diesen bedeutenden Kunden hatte man eine einzigartige durchsichtige Flasche aus so schwerem und drucksicherem Kristallglas gefertigt, dass man auf den sonst üblichen, nach innen gewölbten Flaschenboden verzichten konnte. Heute besteht die Flasche zwar nicht mehr aus Kristallglas, aber der flache Flaschenboden hat sich ebenso erhalten wie der Ruhm und die herausragende Qualität dieses Nobelchampagners.

Taittinger, Comtes de Champagne, Blanc de Blancs

Enorme Feinheit im Duft, fast neutral mit leicht weinigem Touch, Finesse, die sich auch am Gaumen weiterzieht; ein perfekter Champagner, der sich wunderschön und frisch präsentiert; enorm langer Nachklang.

Den Namen »Taittinger« deutsch auszusprechen ist kein Fauxpas, stammt die Familie doch ursprünglich aus Österreich. Ebenso ist es nie ein Fehler, eine Flasche Comtes de Champagne zu ordern, ist er doch einer der feinsten Blanc de Blancs überhaupt.

Pommery, Cuvée Louise

Sehr duftig mit floralen Anklängen, tolles, feines Mousseux am Gaumen, leicht exotischer Geschmack wie Sandelholz, hochelegant, hervorragend; später zeigen sich im Duft etwas Karamel, Kardamom – aber man soll so einen großen Champagner ohnehin nicht mit Stollwerck vergleichen.

Der Name des Spitzenchampagners von Pommery erinnert an die Witwe Louise Pommery – sie hat bereits in der zweiten Hälfte des 18. Jahrhunderts die Grundlagen für die heutige Bedeutung des Hauses geschaffen.

Perrier-Jouêt, Belle Epoque
Sehr schön gemachter Champagner, der mit der Klasse
der Flasche durchaus mithalten kann; voller, reifer Duft,
ausgewogen am Gaumen, munteres Mousseux, sehr schön.

Der »Belle Epoque« wäre es allein schon aufgrund
der wunderschönen Jugendstilflasche wert, getrunken
zu werden; dass er auch zu den Topchampagnern zählt,
macht die Entscheidung noch leichter.

Laurent Perrier, Grand Siècle
Ein Kultchampagner – eine Flasche, um die man wettet;
sehr feiner, fruchtbetonter Duft, besonders elegant und
geschliffen, ohne Ecken und Kanten, absolut klar in der
Stilistik.

Seit dem Jahr 1983 gibt es die an sich jahrgangslose
Cuvée Grand Siècle mitunter auch mit Jahrgangsangabe. Gleich geblieben sind die schöne Flasche mit einer
Form aus der Zeit Ludwigs XIV. und die herausragende Qualität.

Moët & Chandon, Dom Pérignon
Saftig im Duft, Hauch von Meursault-Charakter, aber
nicht unangenehm, füllt den Gaumen aus wie ein großer
Wein; toller Champagner mit Rasse.

Als James Bonds zweite Lieblingssorte und das »Ur-
muster« für alle folgenden Prestige-Cuvées, ist der »Dom
Pérignon« eine fixe Größe in der Welt des Champagners geblieben.

Pol Roger, Sir Winston Churchill
Voller, kräftiger Duft, viel Fülle, dafür etwas weniger
Eleganz; ein Austern-Champagner, vielleicht ein bisschen
grob, aber sehr schön.

Nachdem Winston Churchill 1944 bei einem Lunch in der englischen Botschaft in Paris die hinreißende Odette Pol-Roger kennengelernt hatte, trank er fortan nur noch Champagner aus diesem Haus und benannte sogar sein Rennpferd nach der hübschen Dame. Zu seinem Angedenken wurde zwanzig Jahre nach seinem Tod die Spitzencuvée »Sir Winston Churchill« kreiert.

Ein überaus weinsnobgerechtes Urteil aus berufenem Munde möchte ich Ihnen ebenfalls nicht vorenthalten: »Im Alter nimmt er einen höchst verführerischen Duft von frischem Toast und Kaffee an, wie er bei keinem Champagner schöner zu finden ist. Die Magnumflaschen mit 61er, die 1981 auf der Hochzeit von Prinz Charles entkorkt wurden, gehören zweifelsohne zum Besten, was mir an Champagner je auf die Zunge gekommen ist, obwohl auch der 64er ihm nicht viel nachsteht.«
Dieses Zitat stammt von der englischen Fachautorin Serena Sutcliffe, könnte aber genauso gut über Ihre Lippen kommen, sofern Sie soeben Dom Pérignon von Moët & Chandon, Jahrgang 1961 verkostet haben.

Ein Wort noch zum Thema sonstige Schaumweine. Natürlich gibt es auch außerhalb der Champagne ausgezeichnete Schaumweine – wie Sekt in Deutschland und Österreich, Cava in Spanien, Cap Classique in Südafrika, Crémant in Burgund oder Talento in Italien –, doch für den Weinsnob bringen diese durchaus achtbaren Tropfen kein Renommee, denn Champagner ist eben Champagner, und wer ein Original schätzt, wird sich nicht mit einer Kopie zufrieden geben. Einprägsam veranschaulicht wird das durch eine Anekdote, die von einem der deutschesten Deutschen, dem damaligen Reichskanzler Otto von Bismarck, überliefert ist: Bei einem Diner in Potsdam ließ Kaiser Wilhelm II. deutschen »Champagner«, also Sekt, kredenzen. Bismarck kostete einen Schluck und stellte das Glas wortlos wieder auf den Tisch zurück, um es fortan nicht mehr anzurühren. Der Kaiser blickte ihn fragend an. »Eure Majestät«, sagte Bismarck, »ich kann keinen deutschen Champagner trinken«. Wilhelm erklärte, dass er nicht nur aus ökonomischen, sondern vor allem aus patriotischen Überlegungen Sekt anstatt des vom Kanzler so geliebten Champagners von Heidsieck habe servieren lassen. »Eure Majestät«, erwiderte Bismarck, »ich bedaure außerordentlich, aber mein Patriotismus endet kurz vor meinem Magen.«

Bordeaux – das Brot des Weinsnobs

und warum dieser Wein das Maß aller Dinge ist

Sie werden sich vielleicht wundern, warum in diesem Buch ständig von Bordeaux, Bordeaux und noch einmal Bordeaux die Rede ist. Es gibt dafür eine ganz einfache Erklärung: Die Weine aus Bordeaux – oder korrekt gesagt: aus dem Bordelais – sind und bleiben nun einmal weltweit das Maß aller Dinge. An dieser Tatsache kann und wird es wohl keinen Zweifel geben, und daher hat sie auch für den Weinsnob Gültigkeit. Während es freilich für den durchschnittlichen Weinfreund ausreichen mag, zu wissen, dass es sich so verhält, sollte der Weinsnob auch die vielfältigen Ursachen dieses Phänomens ebenso stichhaltig wie wortreich erklären können.

Der Grund für die Sonderstellung der Bordeauxweine ist nämlich nicht allein ihre herausragende Qualität. Die ist zwar zweifellos vorhanden, was sich auch jederzeit überprüfen lässt, sie bildet aber eben nur das Fundament für das Image und den einzigartigen Status, den diese Weine weltweit genießen. Tatsächlich werden nämlich auch in anderen Weingegenden – allen voran in Burgund, aber auch an der Rhône, in Spanien, Italien, Kalifornien oder Australien – ganz große Tropfen gekeltert, die schon öfters in Blindverkostungen selbst die edelsten Bordelaiser Kreszenzen geschlagen haben. Das hat deren exzellentem Ruf aber keineswegs geschadet, und dafür gibt es eine ganze Reihe von Ursachen.

Bordeaux ist für die weltweite »Wine-Community« – also jene imaginäre Gemeinde von Weinadepten, die über den ganzen Erdball verstreut ist – so etwas wie eine gemeinsame Sprache; oder vielleicht noch besser: eine gemeinsame Währung, auf die man sich verständigen kann. Fangen Sie in Hongkong im Kreis von ortsansässigen Weinfreaks über den Château Cos d'Estournel 1990 zu parlieren an, und jedermann wird verständig nicken und seinen persönlichen Beitrag zum Thema abliefern; ja mancher wird sogar schon auf dem wirklich sehenswerten Château selbst gewesen sein.

Der nächste wichtige Punkt ist die überblick- und nachvollziehbare Klassifizierung der Bordeauxweine, die es für Außenstehende wie Insider viel leichter macht, die Weine einzuordnen, als etwa in Burgund. Gewiss kann man über die heutige Gültigkeit dieser Klassifizierung, die etwa im Médoc seit dem Jahr 1855 praktisch unverändert gilt, diskutieren. Doch auch wenn es viele Ausreißer gibt, deren Qualität sich nicht mit der offiziellen Einstufung deckt, bietet diese doch nach wie vor eine Art Gerüst, an dem man sich zumindest in groben Zügen orientieren kann.

Ein weiterer wesentlicher Beitrag zur Transparenz der Bordelaiser Weinszene ist die Tatsache, dass jedes Château nur einen »Grand Vin« macht, der den Namen des Hauses trägt, und dann vielleicht noch einen Zweitwein anderen Namens. In Burgund, dessen total zerstückelte Appellationen auch einen Weinfreak zur Verzweiflung treiben können, keltern Winzer, die gerade einmal sieben oder acht Hektar ihr Eigen nennen, oft zehn und mehr verschiedene Weine. Aus demselben Grund sind für den Weinsnob auch Weine aus Österreich, Deutschland oder der Schweiz nur sehr bedingt und regional relevant. Denn auch hier haben Weingüter mit zehn Hektar Rebfläche in der Regel fünf bis zehn Sorten, mehrere Lagen und diverse Qualitätsstufen in ihrem Angebot, was von einem ortsansässigen Insider vielleicht gerade noch überblickt werden kann, aber schon aus geringer Distanz betrachtet wie ein unerklärbares Mysterium wirkt. So ist es für mich nur schwer vorstellbar, dass ich einem amerikanischen Weinjournalisten in Los Angeles von F. X. Pichlers berühmten Wachauer Rieslingen vorschwärme und er mich fragt: »Meinen Sie Steinfeder, Federspiel oder Smaragd, und vor allem: aus der Lage Frauenweingarten, Steinertal, Kellerberg oder gar den ›M‹?« Na, sehen Sie.

Einen anderen Aspekt, der für die Sonderstellung von Bordeaux mitverantwortlich ist, stellt die Verfügbarkeit der Weine dar. Abgesehen von den sogenannten »Vins de garage« (Weine mit extrem kleiner Produktionsmenge), wie Le Pin und Valandraud, sowie dem exquisiten Pétrus können die meisten großen Bordeaux-Weingüter – wie Mouton, Lafite, Latour, Margaux oder Cheval blanc – auf Rebflächen von vierzig bis hundert

Hektar zurückgreifen, was trotz sorgfältiger Auslese und – je nach Jahrgang – teilweiser Rückstufung noch immer recht erkleckliche Produktionsmengen zulässt. (So produziert etwa das Château Mouton Rothschild im Schnitt zwei- bis dreihunderttausend Flaschen plus mehrere tausend Großflaschen pro Jahrgang.) Das hat nicht nur zur Folge, dass der Wein weltweit verfügbar ist, sondern ermöglicht auch einen funktionierenden und sogar recht transparenten »Sekundärmarkt«. Das heißt, dass die Weine auch nach ihrem eigentlichen Verkauf vom Château an die Händler noch jahre- und jahrzehntelang (natürlich in immer kleiner werdenden Mengen und zu immer höher werdenden Preisen, da sie zuweilen ja auch getrunken werden) verfügbar sind.

Die Existenz dieses Sekundärmarktes führt im übrigen auch dazu, dass man sich auf ein Ansteigen der Preise fast blind verlassen kann – was älter wird, wird in aller Regel auch teurer, und selbst bei schlechten Jahrgängen kann ein »Subskriptionskäufer«* praktisch nichts verlieren, denn billiger ist noch selten ein Wein geworden.

Schließlich muss man, um die Preis- und Qualitätsentwicklung der einzelnen Weine laufend mitverfolgen zu können, keine einzige Flasche öffnen, denn der Wein- und eben insbesondere der Bordeauxmarkt ist in Magazinen, Büchern und den Katalogen der Händler stets komplett dokumentiert und daher leicht zu überblikken.

Aus all dem geht hervor, warum die Kenntnis der Bordelaiser Verhältnisse auch für den Weinsnob unver-

---

* (Subskription ist der Vorverkauf von Weinen des neuen Jahrganges, die noch nicht auf dem Markt sind. Die Zahlung erfolgt dabei lange vor der Lieferung, dafür liegen die Preise deutlich unter jenen, die dann bei der tatsächlichen Markteinführung verlangt werden.)

zichtbar ist, wenn er seinem Status gerecht werden will (s. auch »Wind & Wetter – Besonderheiten aus sechs Jahrzehnten Bordeaux«). Wundern Sie sich also nicht, wenn Sie dereinst in der Wüste Afrikas, auf den Hochebenen des Himalaja oder an den Ufern des Amazonas ein einheimischer Weinfreak fragen sollte: »Sprechen Sie Bordeaux?«, sondern antworten Sie einfach: »Oui, Monsieur.«

Schenken wie ein Weinsnob

Die Kunst, bei jedem Anlass die richtige Flasche parat zu haben

Ein Weinsnob hat's nicht leicht. Während sich andere Menschen bei einer Einladung zum Essen geschickt mit ein paar Blümchen oder einer Schachtel Konfekt als Gastgeschenk aus der Affäre ziehen, erwartet man von ihm auf jeden Fall, dass er einen Wein mitbringt. Aber nicht irgendeinen Wein, sondern den Wein, der haargenau zum Anlass, zur Person und zum Ausmaß der freundschaftlichen Beziehungen, die er zu den Gastgebern unterhält, passt. Da ist Überlegung notwendig und Vorsicht geboten, denn es ist eine Frage des Fingerspitzengefühls, ob man letztendlich glücklich beschenkte Menschen zurücklässt oder sich eine üble Nachrede einhandelt. Es gilt also, Art und vor allem auch Wert des Weines genau auf den konkreten Anlassfall abzustimmen, wenn man wirklich gekonnt schenken will. Ist nämlich der Wein zu billig, so wird es am nächsten Tag heißen: »Der Dings war gestern bei uns, und stell Dir vor, was er uns für einen Wein mitgebracht hat, also so ein Geizkragen!« Greift man aber allzu tief in die Geldbörse, so wird das die Beschenkten zwar einerseits freuen, aber andererseits – die Missgunst schläft nicht – auch nicht daran hindern, Sie bei nächster Gelegenheit als Protzer und haltlosen Verschwender zu brandmarken.

Ich selbst habe mir für solche Fälle einen kleinen »Schummler« zusammengestellt, den ich Ihnen nicht vorenthalten möchte, da er bis dato stets ausgezeichnete Ergebnisse gezeitigt hat. Angenommen, Sie sind bei

Ihrem Freund Werner zum Abendessen eingeladen und wollen – oder müssen – ihn mit einem entsprechenden Gastgeschenk überraschen. Gehen Sie also nach dem folgenden 10-Punkte-Programm vor:

1. Schenken Sie kein Zubehör, es sei denn, Sie wissen genau, dass Werner diesen Korkenzieher oder jene Karaffe noch nicht hat, aber sich schon immer wünschte. Guten Wein hingegen kann man nie zu viel haben.

2. Schränken Sie die Möglichkeiten ein, indem Sie sich folgende Fragen stellen. Was trinkt Werner üblicherweise? Wie gut bin ich mit Werner wirklich befreundet (Angaben in Euro)? Welche Beschaffungsmöglichkeiten habe ich?

3. Sie wissen nun, was der Wein ungefähr kosten soll, welche Vorlieben Werner hat und wo Sie den guten Tropfen voraussichtlich erwerben werden. Also auf ins Weinfachgeschäft.

4. Lassen Sie sich beraten. Verlangen Sie einen »Preis-Leistungs-Wein«, der mit Sicherheit mehr kann als er kostet. Setzen Sie den Preis ein wenig über dem an, was sich Werner von Ihnen erwarten würde.

5. Wählen Sie schließlich nicht die nahe liegendste Variante, sondern einen Geheimtip, der aber nicht so geheim sein darf, dass Werner ihn (und seinen Preis!) nicht kennt.

6. Nehmen Sie eine, aber eine wohl ausgesuchte Flasche. Dreierkartons sind bei Weinfreaks out; außerdem

verwässert es die Qualität, wenn Sie Ihr Budget durch drei teilen.

7. Lassen Sie sich Ihre Flasche in ein hübsches Holzkistchen einpacken – das kostet nicht viel, verleiht aber der Schenkung eine gewisse Würde. Apropos Würde: Widerstehen Sie unter allen Umständen der Versuchung, das Preisschild auf dem Flaschenboden zu »vergessen«.

8. Überreichen Sie Werner die Flasche mit den Worten »Ich habe Dir da eine Kleinigkeit mitgebracht« und beeindrucken Sie ihn allein schon durch dieses noble Understatement.

9. Lassen Sie sich das Essen bei Werner gut schmecken!

10. Grüßen Sie ihn von mir.

So weit, so gut. Es gibt aber beim Weinschenken einen Sonderfall, der eine andere Vorgangsweise erfordert. Es ist nämlich in den letzten Jahren ziemlich in Mode gekommen, Geburtstagskinder mit einem Fläschchen Wein aus ihrem Geburtsjahrgang zu überraschen (nicht ganz uneigennützigerweise oft in der Hoffnung, mit dabei zu sein, wenn der wertvolle Tropfen gekippt wird). Eine Flasche aus einem guten Jahrgang aufzutreiben ist dabei meist nicht das Problem, schwierig wird es erst, wenn der Jubilar ausgerechnet in einem hundsmiserablen Weinjahr das Licht der Welt erblickt hat. Da heißt es dann: »Alles Gute ... aber woher?«. Doch gibt es kaum einen Jahrgang, in dem nicht zumindest in irgendeinem Weinbaugebiet Ordentliches in die Flaschen gebracht wurde. Die folgende Übersicht soll Ihnen die

Suche erleichtern – und wenn alle Stricke reißen, gibt es immer noch Armagnac, wovon – mehr oder weniger glaubwürdig – lückenlos jeder Jahrgang dieses Jahrhunderts zu durchaus verkraftbaren Preisen angeboten wird.

2002 Vor allem in Europa ein schwieriger Jahrgang, da es in den meisten Regionen viel zu viel regnete. Burgund blieb davon verschont uns ist daher ein guter Tipp; ebenfalls beachtlich: die österreichischen Hochprädikatsweine.

2001 Toller Châeauneuf-du-Pape und andere Rhône-Weine, auch Burgund und Deutschland sind eine Empfehlung – ansonsten eher ein schwacher Jahrgang.

2000 Was alle erhofft hatten, trat in vielen Weinbauregionen tatsächlich ein: ein großer Milleniumsjahrgang. In Bordeaux gelangen Top-Weine, fast jedes Haus in Porto füllte einen Vintage-Port und in Österreich zählen die Rotweine zu den besten, die je erzeugt wurden.

1999 In Bordeaux taugen nur die besten Weine für lange Lagerung, ausgezeichnet aber rote Burgunder und noch besser die Weine von der Rhône. In Österreich entstanden sehr gute, klassische Rotweine, die den üppigeren 2000ern langfristig wohl kaum nachstehen werden und auch Deutschland konnte Top-Qualitäten verzeichnen.

1998 Gute Süßweine in Österreich, ausgezeichnete Eisweine in Deutschland, da extrem früh gelesen werden konnte; in Bordeaux war das rechte Ufer begünstigt, wobei auch auf der linken Seite recht beachtliche Weine entstanden sind.

1997 Spitzenrotweinjahrgang in Deutschland und Öster-
reich, aber kaum Prädikate, sehr durchwachsen in
Bordeaux, der dritte Spitzenjahrgang in Folge in
Burgund.

1996 Schwach in Österreich, gute Riesling-Spätlesen
in Deutschland, gut bis sehr gut in Bordeaux, große
Burgunder.

1995 Topprädikate in Österreich, in Deutschland sind
vor allem Auslesen interessant; Sauternes, Spitzenburgunder, sehr gut in Bordeaux, sehr gut in Spanien.

1994 Gute Rotweine in Österreich, sehr haltbare
Weine in Deutschland, großer Port-Jahrgang, Spit-
zenspanier; Bordeaux wurde unterschätzt, erweist
sich aber als haltbar.

1993 Nicht schlecht, nicht überwältigend; sehr gute
Rotweine in Österreich, viele und ausgezeichnete
Prädikatsweine in Deutschland; Kalifornien ist viel
versprechend.

1992 Gute Rotweine in Österreich und Deutschland,
einige Ports, weiße Burgunder, Kalifornien.

1991 Spitzenprädikatsweine in Österreich, klein in Bordeaux, gute rote Burgunder, toller Port.

1990 Sehr gut in Österreich und Deutschland, groß in
Bordeaux, Burgund, Rhône, Toskana, praktisch
überall – nur kein Port.

1989 Topweine aus Bordeaux, Sauternes, Burgund
weiß und rot.

1988 Teilweise sehr gute Bordeaux.

1987 Ein Hungerjahr; manche Bordeaux sind jetzt gut
zu trinken, aber nicht für die Ewigkeit konzipiert.

1986 Mächtige Bordeaux, exzellente Sauternes.

1985 Überall ein guter Jahrgang; wenige, aber gute
Vintage-Ports.

1984 Fast überall schwach; trockene Graves sind hoffnungsvoll.

1983 Einige gute Bordeaux, Topsauternes, gute Ports.

1982 Große Bordeaux, herrliche Spanier, einige Ports, Superchampagner.

1981 Gute Bordeaux, frische Sauternes, gute Champagner.

1980 Port und Kalifornier.

1979 Gut, aber nicht groß; manche Bordeaux, Champagner noch am besten; große österreichische Süßweine, aber woher nehmen?

1978 Bordeaux, Burgund, Rhône.

1977 Großes Port-Jahr, furchtbar in Frankreich.

1976 Frankreich gut, Deutschland besser.

1975 Bordeaux, Sauternes, Champagne.

1974 Einzig Kalifornien gibt Hoffnung.

1973 Das Beste sind Champagner, Madeira.

1972 Bordeaux furchtbar, Burgund gut, Tokaj (!).

1971 Bordeaux vom rechten Ufer.

1970 Ziemlich gute Bordeaux, großer Port.

1969 Bordeaux furchtbar, Burgund großartig, Champagner, großes Süßweinjahr in Österreich, aber nur mehr unter guten Freunden zu bekommen.

1968 Italien, Madeira, Tokaj.

1967 Sauternes, Elsass.

1966 Sehr gut in Frankreich, Port, Madeira.

1965 Vega Sicilia Unico, aber tatsächlich unico ...

1964 Grange Hermitage, einige Bordeaux vom rechten Ufer, Port Quinta do Noval Nacional, sonst nicht viel.

1963 Großes Port-Jahr, Madeira, Tokaj.

1962 Hervorragend in Frankreich, Madeira.

1961 Jahrhundertjahrgang in Bordeaux, auch sonst viel Gutes.

1960 Port, Madeira.

1959 Alles außer Port.

1958 Port, Madeira.

1957 Burgunder, Madeira, Tokaj.

1956 Tokaj und sonst gar nichts.

1955 Überall ziemlich gut.

1954 Burgund und Madeira.

1953 Überall gut, außer Port.

1952 Einige gute Bordeaux; Burgunder sind besser.

1951 Praktisch hoffnungslos …

1950 Ungleichmäßig. Pétrus, Margaux, La Mission-Haut-Brion, Madeira.

1949 Alles außer Port.

1948 Bordeaux, Port.

1947 Alles!

1946 Nichts außer Madeira.

1945 Alles!

1944 Sauternes.

1943 Bordeaux, Sauternes, Burgund.

1942 Sauternes, Madeira.

1941 Madeira.

1940 Madeira.

1939 Sauternes.

1938 Praktisch aussichtslos ..

1937 Burgund, Sauternes, Loire, einige Bordeaux, Tokaj, Madeira.

1936 Madeira.

1935 Rote Burgunder.

1934 Bordeaux, Sauternes, Burgund, Port, Loire, Madeira.

1933 Burgunder, einige Bordeaux.

DAS IST JA EIN MADEIRA VON 1893 !

ICH KANN MICH NOCH AN DIE WEINLESE ERINNERN.

1932 Ein Trauerspiel …

1931 Noval Port und Massandra Muscat (Russland).

1930 Schwaches Jahr; Madeira hilft!

1929 Bordeaux, Sauternes, Burgund.

1928 Bordeaux, Sauternes, Loire, Burgund.

1927 Port.

1926 Bordeaux, Sauternes, Madeira.

1925 Praktisch durchwegs schwach.

1924 Bordeaux, Sauternes, Port, Tokaj.

1923 Burgund.

1922 Port, Madeira.

1921 Sehr gut in Frankreich.

1920 Bordeaux, Burgund, Port, Madeira.

1919 Traumhafte Burgunder.

1918 Einige Bordeaux – aber mit Vorsicht.

1917 Port, Burgund.

1916 Einige Bordeaux – aber mit Vorsicht.

1915 Tolle Burgunder.

1914 Großartige Champagner, aber wer kriegt die schon?

1913 Einige Bordeaux – aber mit Vorsicht.

1912 Superbe Ports, Madeira.

1911 Ein paar gute Bordeaux und Sauternes; Topburgunder, die – gute Lagerung vorausgesetzt – immer noch Trinkvergnügen bereiten können.

1910 Exzellente Madeiras.

Diese Liste ist als Orientierungshilfe zu verstehen, wobei man sich, wenn man einen konkreten Bedarf hat, am besten an einen Händler mit guten internationalen Verbindungen wendet. Aber Vorsicht: Informieren Sie sich immer zuerst über den Preis der Flasche, ehe Sie die Bestellung tätigen!

Sind Weinsnobs sexy?

Die hohe Schule der Verführung durch Speis & Trank
Plus: das garantiert wirksame erotische Menü mit den
dazupassenden Weinen

Nektar der Götter – Trost der Sterblichen – der Wein ist
ein wunderbares Getränk, das die Macht hat, die Sorgen
zu verscheuchen und uns, und sei es auch nur für Augen-
blicke, einen Blick ins Paradies zu schenken.
ISABEL ALLENDE

Der Wein ist gemacht, um getrunken zu werden, so wie
Frauen gemacht sind, um geliebt zu werden; genieße die
Frische der Jugend oder die Pracht der Reife; warte nicht
auf den Verfall.
THEOPHILE MALVEZIN

Das Böse ist in jeder Beere der Traube.
KORAN

Sind Weinsnobs sexy? Eine gute Frage, denn was ist
überhaupt sexy? Der knackige Hintern eines Mannes
oder die wippenden Brüste einer Frau? Schon, auch.
Aber erotische Anziehungskraft erschöpft sich – gottlob,
denn sonst müssten weite Teile der Bevölkerung für
immer allein durchs Leben gehen – nicht in Äußerlich-
keiten. Viele Menschen finden Geld sexy, lassen sich von
der Erotik der Macht verführen oder fahren banaler-
weise auf tolle Autos ab. Andere sind eher durch außer-
gewöhnliche Fähigkeiten zu beeindrucken, bewundern
Klaviervirtuosen, Opernsängerinnen, Topmanagerinnen
und Extremkletterer oder einfach nur Männer, die einen
Wasserhahn reparieren können, ohne dabei die Woh-

nung zu überfluten. Schließlich können auch Geist und Bildung eine unwiderstehliche erotische Anziehungskraft ausüben. Es gibt Frauen, die binnen Sekunden jedem erliegen, der Oscar Wilde zitieren und ihnen Kants philosophische Grundsätze erklären kann, und Männer, die einer Frau verfallen, die ihnen nach fünf Minuten gepflegter Konversation das Gefühl gibt, dass sie selbst an geistiger Zwergwüchsigkeit leiden.

Was also kann an einem Weinsnob sexy sein? Nun, sein Insiderwissen über eines der spannendsten und (zumindest für Außenstehende) geheimnisvollsten Themen der Welt, das sowohl mit Genuss als auch mit Sinnenfreude verbunden ist. Sein souveränes Auftreten in der Öffentlichkeit, sein Geist und Witz und schließlich seine snobistische Attitüde, die ihn zu einer originellen und einzigartigen Persönlichkeit stempelt. Aber genügt das wirklich, um die Angebetete zu betören? Nicht ganz, denn zum Wein gehört auch die Speise. Zusammen ergeben diese kongenialen Partner ein perfektes Instrumentarium der Verführung, ein betörendes Erlebnis für alle Sinne, dem nur schwer zu widerstehen ist. Ich meine damit nicht etwa das Essen in einem tollen Restaurant – das zugegebenermaßen ebenfalls ein sinnliches Erlebnis sein kann – denn damit macht vielleicht der Küchenmeister einen guten Eindruck, aber Sie selbst kommen in Ihrer Angelegenheit um keinen Schritt weiter. Nein, Sie müssen die Sache schon selbst in die Hand nehmen, sich die Schürze umbinden und den Kochlöffel am heimischen Herd schwingen. Dass Wein – jedenfalls in Maßen genossen, doch davon wird noch die Rede sein – als Aphrodisiakum wirkt, ist eine von altersher bekannte Tatsache – und dass er neuerdings auch noch so gesund sein soll, ist Wasser auf unsere Mühlen!

Außerdem wird verschiedensten Speisen eine belebende und lustfördernde Wirkung nachgesagt, was zwar rein medizinisch betrachtet vielleicht nicht immer haltbar ist, doch genügt oft schon das Wissen um diese Tatsache, um die gewünschte Wirkung zu erzielen. Schließlich kommt noch hinzu, dass kochende Männer an sich auf Frauen sexy wirken, was wohl an ihrer exotischen Anmutung liegt, zumal sie damit ganz aus dem klassischen Rollenbild fallen. Für Frauen hingegen gilt das keineswegs, wie Isabel Allende, die es als Frau ja wissen muss, in ihrem Buch *Aphrodite – Eine Feier der Sinne* ausführt: »Wir Frauen sind von Männern beeindruckt, die etwas vom Kochen verstehen – umgekehrt sieht es ganz anders aus. Ein Mann, der kocht, ist sexy, die Frau nicht, vermutlich, weil sie zu sehr an den häuslichen Urtypus erinnert. Ich gebe niemals zu, dass ich kochen kann, es kann verhängnisvoll sein.«

Sie sehen also, dass auch exorbitantes Weinwissen nicht immer ausreichend ist. Es empfiehlt sich daher, bei Gelegenheit einen Kochkurs zu belegen oder zumindest rechtzeitig ein geeignetes Kochbuch, wie etwa Christoph Wagners *Männer an den Herd*, anzuschaffen, wenn Sie nicht ohnehin schon ein begeisterter Hobbykoch sind.

Doch selbst wenn Sie sich bereits in diesem fortgeschrittenen Stadium befinden, empfiehlt es sich nicht, gleich das erste Rendezvous bei Kerzenlicht am Wohnzimmertisch stattfinden zu lassen. Für solche Begegnungen eignen sich Kaffeehäuser, Kinos und dergleichen viel besser, denn erstens ist es hier einfacher, die vorderhand nötige Distanz (und damit auch beiderseitige Rückzugsmöglichkeit) zu wahren, zweitens gilt es – gerade für den Weinsnob, der ja auf gute Manieren

Wert legt – als »unschicklich«, jemanden, den man seit zehn Minuten kennt, zu sich nach Hause zu schleppen, und schließlich sollte erst einmal eine gewisse Vertrauensbasis geschaffen werden, ehe die neue Eroberung in die sehr intimen Geheimnisse von Küche und Keller eingeweiht wird (was zusätzlich die Gelegenheit bietet, das Terrain hinsichtlich ihrer kulinarischen Vorlieben zu sondieren. – Immerhin könnten Sie ja ein Unhold sein, der nichts anderes vorhat, als die Dame seines Herzens nach allen Regeln der Kunst »einzubraten«, um sie dann, sozusagen als Dessert, mit Haut und Haaren zu verschlingen. Ich weiß natürlich, dass Sie das ohnehin vorhaben, so sich die Gelegenheit dazu bietet, und in gewisser Weise wird das ja wohl auch von Ihnen erwartet, doch sollten Sie sich Ihre Absicht keinesfalls anmerken lassen. Üben Sie sich in Zurückhaltung, öffnen Sie Weine, rühren Sie in Ihren Töpfen um, und erzählen Sie dabei Streiche aus Ihrer Jugendzeit, oder streuen Sie Bonmots und kleine Komplimente in das Gespräch ein – alles Weitere wird sich ergeben. Vorausgesetzt, Sie haben den Abend perfekt geplant und vorbereitet, womit wir beim Thema wären.

Damit Sie mich nicht missverstehen: Es geht nicht darum, dass Sie die steife Atmosphäre eines Gourmettempels in Ihr eigenes Wohn- oder Speisezimmer transferieren und sich einen Abend lang sklavisch und mit der Stoppuhr (oder zumindest der Eieruhr) in der Hand an Ihre planerischen Vorgaben halten. Doch hinter jeder leichten und spielerischen Darbietung und hinter jeder Improvisation stecken lange, harte Arbeit und eine möglichst optimale Vorbereitung. Das gilt für einen Tänzer oder Musiker ebenso wie für einen großen Koch – und in diesem Fall, angehender Weinsnob, der

Sie ja am bevorstehenden Abend zur Höchstform auf-
laufen wollen, auch für Sie.

Entwerfen Sie also rechtzeitig Ihr Menü, das mindestens drei bis vier Gänge umfassen muss, wenn es wirklich
Eindruck machen soll. Je nach Ihren kochtechnischen
Fähigkeiten kann es sich um einfachere oder komplizier-
tere Gerichte handeln, aber vermeiden Sie um Himmels
willen Experimente, schließlich ist nichts stimmungs-
und lustfeindlicher als eine missratene Suppe, eine ge-
ronnene Sauce oder ein angeschmorter Braten. Wählen
Sie auf jeden Fall Gerichte aus der leichten und kreati-
ven Abteilung, denn einerseits wird Frau von Ihren Kom-
positionen Rückschlüsse auf Ihren Charakter ziehen –
also keine gefüllten Schweinsohren – und andererseits
ist es so, dass ein allzu voller Bauch nicht nur nicht gerne studiert … Die Vorzüge der bodenständigen Haus-
mannskost können Sie der Dame ja immer noch bei spä-
terer Gelegenheit auseinander setzen, doch jetzt geht es
vor allem darum, feine, leichte und saisonal aktuelle Produkte heranzuziehen. Auch in der Luxusabteilung sollten Sie nicht sparen, denn damit dokumentieren Sie
nicht nur, was Frau Ihnen wert ist (sie wird das als richtungweisend für die Zukunft ansehen), sondern werden
auch Ihrem Ruf als Weinsnob gerecht, der seinen Gästen
nur das Beste vorsetzt.

Echter russischer oder, noch besser, iranischer Caviar ist für diesen Zweck ein gar köstliches – wenn auch
recht kostspieliges – Elixier, wird aber nicht von jedermann und jeder Frau goutiert. Schnecken, Gänseleber
oder Froschschenkel sind ohnehin im Talon zu behalten, bis man sich ein exaktes Bild davon gemacht hat,
wie die zu Bekochende über »Political Correctness« im
Allgemeinen und über die Verwendung bestimmter Pro-

dukte in der Küche im Besonderen denkt. Leicht und köstlich sind Fische und Schalentiere, von Shrimps bis zu Hummer, wobei zart besaitete Naturen Sie leicht für einen Mörder halten und schreiend aus dem Haus laufen könnten, wenn Sie so einen gepanzerten Burschen lebend ins kochende Wasser plumpsen lassen. Gegen Hummersuppe, -pastete oder -salat wird hingegen meiner Erfahrung nach kaum jemals Protest erhoben. – Übrigens gilt dasselbe für andere liebe Tiere, wie etwa das Reh: Bereiten Sie es ruhig zu, aber lassen Sie es auf keinen Fall wie ein totes Tier aussehen!

Weniger Berührungsängste lösen zumeist Zutaten aus dem pflanzlichen Bereich aus. Allen voran die Trüffel, die Ihnen ebenfalls ein gewaltiges Loch in den Geldbeutel reißen wird, deren animalisch-betörender Duft sie aber – sofern verfügbar – als Pflichtbestandteil eines aphrodisischen Menüs qualifiziert. Auch der Spargel, dessen Mythos als Aphrodisiakum ausschließlich auf seiner phallischen Form beruht, sollte nicht außer Acht gelassen werden. Zahlreiche weitere Zutaten – wie Artischocken, Feigen, Sellerie, Pilze, Mangos, Anis, Ingwer oder Zimt – gelten als klassische Ingredienzen der aphrodisischen Küche und können nach Lust und Laune – ohne sich sklavisch an Vorgaben zu halten – in das Menü eingestreut werden. Besondere Aufmerksamkeit sollten Sie auch dem Dessert schenken, denn wenn auch viele Frauen das Klischee vom »süßen Mädel« längst hinter sich gelassen haben, so ergeben sie sich doch nach wie vor gerne einer süßen (nicht zu kalorienreichen!) Versuchung in Form einer köstlichen Nachspeise. Achten Sie bei Ihrer Menüplanung nicht zuletzt darauf, dass Sie sowohl Gerichte wählen, die Sie gut vorbereiten können – schließlich wollen Sie ja nicht den ganzen Abend in der Küche verbringen –, als auch solche, bei denen Sie die Gelegenheit haben, Ihre möglicherweise soeben erst erworbenen Kochkünste dem staunenden Einpersonenpublikum vorzuführen.

Haben Sie die Planung abgeschlossen, so gehen Sie zuerst zum Geldautomaten, um dort, ohne mit der Wimper zu zucken, einen größeren Geldbetrag abzuheben, und dann auf den Markt, wo Sie, wenn mehrere Produkte zur Auswahl stehen, immer zur besten Qualität greifen, soferne diese sich nicht durch unverschämte Apothekerpreise manifestiert. – Immerhin ist es eine alte Weisheit, dass selbst der größte Koch keine Wunder vollbringen kann, wenn die Qualität des Grundproduktes nicht stimmt. Nach allfälligen Vorbereitungen in der Küche begeben Sie sich schließlich in den Weinkeller und kommen von dort mit mindestens vier Flaschen zurück. »Vier Flaschen für zwei Personen?!« werden Sie jetzt vielleicht ausrufen, und ich sage Ihnen, ja, mindestens. Natürlich sollen – und dürfen! – diese nicht ausgetrunken werden, aber sie müssen auf jeden Fall vorhanden sein und geöffnet werden. Eine Flasche Sekt oder Champagner, um den Abend mit seinem charmanten Perlenspiel prickelnd zu eröffnen; ein Weißwein für die Vorspeisen, ein Roter zum Hauptgang, aber auch um Ihnen Gelegenheit zu geben, die Flasche kunstvoll zu dekantieren; sowie ein Süßwein – man will schließlich zeigen, was man hat – zum Dessert. Wenn die Weine nicht mehr benötigt werden, servieren Sie sie einfach ab. Ihr Gast wird Sie als großzügigen Menschen einschätzen, und dass Sie die Flaschen morgen austrinken oder den Wein zu einer guten Sauce verarbeiten werden, brauchen Sie Ihrem Gegenüber ja nicht auf die Nase zu binden. Jetzt heißt es, Weine einkühlen und das Mise en place (alle Zutaten vorbereiten) in der Küche vornehmen, den Tisch mit Tischtuch, Kerzen, vielleicht Blumen, Besteck und einer Batterie blitzender Gläser eindecken, eine stimmungsvolle CD (oder nennen Sie sogar noch Schallplatten Ihr Eigen?) einlegen, die Kochschürze umbinden und wieder ab in die Küche. Dort könnten Sie zum Beispiel folgende Gerichte zubereiten:

Das erotische Menü für den Weinsnob
*
Frische Austern
*
Artischockenflan mit Lachs
*
Stangensellerieschaumsuppe mit Trüffeln
*
Flusskrebse in Avocadohälften
*
Ananassorbet
*
Barbarieentenbrust mit Maisdukaten und Zuckererbsenschoten
*
Feigen in Portwein mit Sabayon

Frische Austern
Obwohl man Austern auch gratinieren kann (z. B. Austern Rockefeller mit Spinat, Kräutern, Tabasco und Pernod), schmecken sie doch am besten in ihrem Urzustand – frisch und roh. Wobei die Betonung vor allem auf frisch liegt, schließlich soll ja der festliche Abend nicht mit einer Magenvergiftung in der Ambulanz des nächsten Krankenhauses enden.
Es empfiehlt sich daher, die Austern beim Fischhändler des Vertrauens für den Tag des Verzehrs zu

bestellen. Als günstige Portionierung haben sich sechs Stück pro Person bewährt; kauft man weniger, sieht das knausrig aus, konsumiert man mehr, kann das mitunter zu unerwünschten Folgen führen. Will man die Austern zu Hause selbst öffnen, so benötigt man dafür einen Austernbrecher, wobei die Prozedur eher etwas für Geübte und mit einer gewissen Verletzungsgefahr verbunden ist. Einfacher ist es, die Austern möglichst kurz vor dem Abendessen abzuholen und sie sich vom Fischhändler öffnen zu lassen. Gegessen wird die Auster (samt dem in der Schale verbleibenden Meerwasser) entweder ohne weitere Zutaten oder – je nach Geschmack – mit einem Spritzer Tabasco, etwas Zitronensaft, frischem weißen Pfeffer oder auch fein gehackter Zwiebel. Als Beilage ist ein Stück Pumpernickel oder eine Toastscheibe adäquat. Klassisch – und unter erotischen Gesichtspunkten sicherlich idealer – werden Austern direkt aus der Schale geschlürft; möglich ist auch die Verwendung einer kleinen Gabel.

Die aphrodisische Wirkung:
Es gibt wohl nichts Anregenderes, als ein Liebesmahl mit den Königinnen der aphrodisischen Küche, den Austern, zu beginnen. Nicht umsonst wird vom französischen »Sonnenkönig«, Ludwig dem XIV., berichtet, er habe sich vor der Hochzeitsnacht durch den Verzehr von nicht weniger als 400 dieser köstlichen Muscheltiere entsprechend gestärkt. Dagegen nimmt sich die von Casanova überlieferte Tagesration von 50 Stück geradezu bescheiden aus.

Weinempfehlung:
Sollten Sie bis jetzt noch keinen Champagner serviert haben, so ist es jetzt hoch an der Zeit, dem Abend einen prickelnden Start zu verschaffen. Ansonsten gilt es den klassischen Austernwein Chablis aufzufahren. Möglich sind jedoch auch andere trockene Chardonnays.

Artischockenflan mit Lachs
Arbeitsaufwendig, lässt sich aber gut vorbereiten.

Zutaten:
2 Artischocken
⅛ l Schlagobers
2 Blätter Gelatine
Salz, weißer Pfeffer, frischer Kerbel
etwas Zitronensaft
50 g frischer Lachs

Kochen Sie die Artischocken in Salzwasser ca. 30 Minuten, bis sich die Blätter leicht ablösen lassen. Dann die Artischocken gut abtropfen und auskühlen lassen. Das Fruchtfleisch mit einem Löffel aus den Blättern schaben, die faserigen Teile von den Artischockenböden entfernen und den Rest zusammen mit dem Fruchtfleisch zerkleinern. Mit Salz, Pfeffer und fein gehacktem Kerbel würzen. Das Obers schlagen und die Gelatine in ein wenig heißem Wasser auflösen. Pürieren Sie dann alles zusammen im Mixer, so dass sich eine glatte Creme bildet. Die Masse in gebutterte Förmchen füllen und für mindestens drei Stunden in den Kühlschrank stellen.

Stürzen Sie die Förmchen kurz vor dem Servieren vorsichtig auf einen Teller, und garnieren Sie den Flan mit zerdrückten rosa Pfefferkörnern und frischem mit ein wenig Salz, weißem Pfeffer und Zitronensaft marinierten Lachs.

Die aphrodisische Wirkung:
Die Artischocke ist ein Aphrodisiakum par excellence, das die Liebeskraft erhöhen soll. »Artischocken erhitzen die Genitalien«, behaupten zumindest die Franzosen.
Außerdem sagt man von jemandem, der viele Liebschaften hat, er habe ein Artischockenherz, weil er seine Gunst wie Blätter rundum verteilt.

Weinempfehlung:
Für den optimalen Start des Menüs empfiehlt sich ein Wein, der vor allem durch seine betörende Fruchtigkeit glänzt. Ein feiner, mittelkräftiger Riesling aus der Wachau, dem Rheingau oder dem Gebiet Mosel-Saar-Ruwer würde jetzt animierend wirken und viel Trinkfreude bereiten.

Stangensellerieschaumsuppe
Auch die Suppe kann beim Eintreffen der Auserwählten schon so gut wie fertig sein.

Zutaten:
15 g Schalotten
10 g Butter
150 g Stangensellerie
150 ml Gemüsefond

100 g Kartoffeln
¹⁄₈ l Sauerrahm
¹⁄₁₆ l Schlagobers
zum Würzen: Salz, weißer Pfeffer, Balsamicoessig
zum Garnieren: Basilikum, Petersilie,
25 g weiße Alba-Trüffeln

Schwitzen Sie die fein gehackten Schalotten in der
Butter an. Putzen Sie die Sellerie und die Kartoffeln,
schneiden Sie sie in kleine Stücke und geben Sie etwa
zwei Drittel davon dazu.
Dann alles mit dem Gemüsefond, Sauerrahm und
Obers aufgießen und weich dünsten. Den Rest der
Kartoffeln und Sellerie extra dünsten und für die
Suppeneinlage aufheben.
Die Suppe aufmixen; mit Salz, Pfeffer und Balsami-
coessig würzen und kurz erhitzen, aber nicht kochen
lassen.
Geben Sie die vorbereitete Einlage in vorgewärmte
Teller, und gießen Sie die heiße Suppe darauf. Mit
den frischen Kräutern und gehobelten Trüffeln be-
streuen und heiß servieren.

Die aphrodisische Wirkung:
Die Sellerie gilt als Energiespender, soll die Leidenschaft entfachen und hat durch ein hormonähnliches
Enzym eine äußerst wohltuend-entspannende Wirkung.
Trüffeln, auch »Hoden der Erde« genannt, genießen
als Aphrodisiakum ein besonders hohes Ansehen.
Schon Napoleon bestellte Trüffeln für seine Liebes-
stunden. Aber Vorsicht: Da diese Pilze auf Männer
offensichtlich wesentlich stärker wirken, sollten Sie

sich beim Trüffelgenuss mengenmäßig etwas zurück-
nehmen – schließlich sind Sie erst beim dritten Gang.

Flusskrebse in Avocadohälften
Leicht zuzubereiten, macht Eindruck.

Zutaten:
2 Avocados
10 mittelgroße Flusskrebse
60 g pikant gewürzte Mayonnaise
30 g Ketchup oder pürierte Tomaten
1 EL fein geriebener Kren
2 Messerspitzen frischer, geriebener Ingwer
1 Spritzer Worcestershiresauce
etwas Zitronensaft
Cayennepfeffer
etwas Cognac
1 Sträußchen Petersilie
2 TL Schlagobers/Sahne

Teilen Sie eine Avocado der Länge nach und entfernen Sie den Kern. Kratzen Sie einen Teil des Frucht-
fleisches heraus. Die zweite Avocado schälen und in
kleine Würfel schneiden. Dann werfen Sie die Flusskrebse ohne viel Federlesen (und am besten wenn Ihr
Gast nicht zuschaut, denn die meisten Damen sind in
solchen Dingen doch eher zart besaitet) in kochen-
des Wasser und holen sie nach etwa sechs Minuten
mit einem Schöpflöffel wieder heraus. Lösen Sie das
Fleisch aus den aufgebrochenen Scheren und Schwän-
zen.
Für die Sauce mischen Sie die Mayonnaise mit dem

Ketchup oder Tomatenpüree, schmecken mit fein geriebenem Kren, Ingwer, Worcestershiresauce, Zitronensaft, Cayennepfeffer und Cognac ab und lockern das Ganze mit dem nicht ganz fest geschlagenen Obers auf.

Mischen Sie die Flußkrebse mit dem gewürfelten Fruchtfleisch und der Sauce, und füllen Sie die Avocadohälften damit. Mit Krebspanzern und einem Sträußchen frischer Petersilie garnieren.

Die aphrodisische Wirkung:
Mit diesem Gericht kredenzen Sie gleich eine Fülle an Aphrodisiaka: Die Avocado mit ihrem weichen Fleisch und dem feinen Geschmack soll die Sinnlichkeit in den Frauen wecken, Krebse zählen zu den Potenzförderern, die Ingwerknolle weckt die innere Wärme, und Cayennepfeffer ist ein »Scharfmacher« für beide Geschlechter.

Weinempfehlung:
Ein reifer, saftiger Sauvignon blanc sollte in Kombination mit diesem Gericht zu ungeahnten Höhepunkten der Geschmackssymbiose führen. Kräftige Vertreter aus der Südsteiermark kommen dafür ebenso in Frage wie französischer Pouilly-Fumé oder australische Sauvignons.

Ananassorbet
Lässt sich gut vorbereiten, erfrischt den ermüdenden Gaumen vor dem Hauptgang und weckt die Lebensgeister.

Zutaten:
1 mittelgroße Flugananas (Die mit dem Flugzeug
importierten Früchte sind um einiges teurer, dafür
aber auch wesentlich reifer und süßer als die sonst
handelsüblichen Ananas.)
1 Eiklar
1 Orange
Honig
Grand Marnier
zum Garnieren: Minzblätter

Schälen Sie die Ananas und pürieren Sie das Fruchtfleisch. Mit etwas Honig, Orangensaft und Grand Marnier mischen und im Tiefkühlfach anfrieren lassen. Das Eiweiß zu Schnee schlagen und unter die angefrorene Masse mischen.
Lassen Sie die Fruchtmasse weitere zwei bis drei Stunden gefrieren.
Vor dem Servieren gut durchrühren; in Sektschalen füllen und mit Pfefferminzblättern, Ananasstückchen oder dünnen Streifen Orangenschale garnieren.

Die aphrodisische Wirkung:
Die »Königin der Früchte« wirkt auf Mann und Frau stimulierend und belebt die Sinne – aber nur wenn sie frisch ist. Auch Honig belebt erschöpfte Geliebte, regt die Produktion von Sexualhormonen an und macht bereit – für den nächsten Gang.
Der frische Geschmack der Minze wirkt zusätzlich erregend. Shakespeare bezeichnete sie als Stimulans für Kavaliere mittleren Alters – schließlich gibt es auch Weinsnobs jenseits der Dreißig.

Weinempfehlung:
Falls zum Sorbet ein Getränk gewünscht wird, greifen Sie noch einmal auf die hoffentlich wieder eingekühlte Champagnerflasche zurück – und Sie erhalten Erfrischung mal zwei.

Barbarieentenbrust mit Maisdukaten und Zuckererbsenschoten

Das Gericht ist nicht allzu kompliziert in der Zubereitung, schmeckt köstlich und präsentiert sich durch seine Farbkombination auch optisch anregend.

Zutaten:
Für die Entenbrust:
1 Barbarieentenbrust
Salz, Pfeffer, etwas Majoran
Olivenöl und ein wenig Butter zum Braten
Für die Maisdukaten:
1 kleine Dose Mais
2 Eier
½ Zehe Knoblauch
Salz, Pfeffer
Petersilie, Schnittlauch, Kerbel
50 g Mehl
Öl zum Backen

Für die Erbsen:
100 g Erbsenschoten
etwas Salz, Pfeffer
1 Prise Zucker
Kerbel, Petersilie, 1 Prise geriebene Muskatnuss
einige Butterflocken

Zuerst die Erbsenschoten putzen, waschen und beiseite stellen; dann bereiten Sie den Teig für die Maisdukaten vor.

Den Mais mit Mehl und Eiern im Mixer eine Minute lang verrühren. Den Knoblauch zerdrücken. Petersilie, Schnittlauch und Kerbel waschen und fein hacken. Jetzt würzen Sie die Maismasse mit Salz, Pfeffer, Knoblauch und den Kräutern und stellen sie beiseite. Als nächstes wird die Entenbrust vorbereitet, die Sie mit einem Stück Küchenrolle trockentupfen, auf der Hautseite mit einem scharfen Messer rautenförmig einschneiden (schröpfen) und mit Salz, Pfeffer und Majoran beidseitig würzen. Jetzt heißt's aufpassen, denn nun müssen Sie drei Kochvorgänge gleichzeitig unter Kontrolle halten.

Für die Maisdukaten erhitzen Sie das Öl in einer flachen Pfanne. Dann stechen Sie mit einem Esslöffel Portionen aus der Masse, die Sie (mit dem Finger) in die Pfanne streifen, wo Sie ihnen mit der Bratschaufel eine runde Form geben. Die Maisdukaten lassen Sie bei kleiner Hitze langsam braten und drehen sie einmal um, wenn sie auf der Unterseite eine goldbraune Färbung angenommen haben.

Für die Entenbrust erhitzen Sie das Öl mit ein wenig Butter in einer Pfanne. Braten Sie die Brust unter mehrmaligem Wenden auf beiden Seiten einige Minuten lang scharf an. Dann bei kleinster Hitze zugedeckt noch fünf Minuten rasten lassen.

Die Erbsenschoten blanchieren Sie kurz in Salzwasser und schrecken sie dann mit Eiswasser ab, was ihnen eine kräftige grüne Farbe verleiht. Schwenken Sie sie abschließend im Topf mit Butter, Gewürzen und Kräutern.

Zum Anrichten schneiden Sie die (hoffentlich inzwischen rosa gebratene) Entenbrust mit einem scharfen Messer in etwa ein Zentimeter dicke Tranchen, die Sie fächerförmig auf dem Teller drapieren und mit dem ausgetretenen Saft übergießen. Die Zuckererbsen richten Sie ebenfalls als Fächer an, geben zwei bis drei Maisdukaten dazu und schreiten zum Servieren.

Die aphrodisische Wirkung:
Obwohl Bären- und Schlangenfleisch sowie Nieren und Hoden von anderem Getier die beste aphrodisische Wirkung unter den fleischigen Genüssen nachgesagt wird, empfehle ich sicherheitshalber eine unverfängliche Barbarieente, die Ihre Auserwählte weder in die Flucht schlagen noch verstören wird. Die aphrodisische Macht liegt beim Hauptgang also ganz dezent in den Gewürzen: Majoran wirkt harmonisierend und öffnend, und frisch geriebene Muskatnuss soll den Geschlechtstrieb anregen – aber gehen Sie sorgsam mit diesem Aphrodisiakum um, denn eine Überdosis Muskatnuss kann zu Schwindel und Krämpfen führen oder zerstört zumindest die Geschmacksharmonie des Gerichtes.

Weinempfehlung:
Natürlich kann man zu einer Entenbrust fast jeden guten Rotwein mit einigem Vergnügen trinken. In unserem Fall kommt aber nur der sinnlichste aller Rotweine in Frage: ein reifer Burgunder, der mit seinem animalisch-erotischen Duft allein schon ein Aphrodisiakum darstellt.

Feigen in Portwein mit Sabayon

Kann teilweise vorbereitet werden; sehenswerte Küchenaktion, wenn Sie mit dem Schneebesen gekonnt das Sabayon schlagen.

Zutaten:
6 frische Feigen
2 EL Honig
$1/16$ l Portwein
1 EL Orangensaft
Saft einer Limette
gehackte Mandeln

Sabayon:
2 Eigelb
3 EL geschlagenes Obers
1 EL Staubzucker/Puderzucker
1 EL Portwein
5 EL Weißwein

Vierteln Sie die Feigen und geben Sie sie in eine flache Schüssel. Dann verrühren Sie den Portwein mit dem Honig, dem Orangen- und Limettensaft und marinieren die Feigen zugedeckt vier Stunden. Mandeln ins Wasser legen, von der Schale befreien und in kleine Stücke hacken.

Richten Sie die Feigen auf passenden Tellern an. Für das Sabayon geben Sie das Eigelb, Staubzucker, den Portwein und den Weißwein in eine Schüssel. Schlagen Sie die Masse im 80 Grad heißen Wasserbad schaumig. Das Sabayon über die Feigen gießen; mit den gehackten Mandeln bestreuen. Sofort servieren. Ein kleiner Trick: Sollte das Sabayon zu flüssig ge-

raten, können Sie ein wenig fest geschlagenes Schlagobers unterrühren (das Sie natürlich schon vorbereitet im Kühlschrank stehen haben).

Die aphrodisische Wirkung:
Feigen sind nicht nur ein sinnlicher Anblick, sie stehen auch für körperliche Liebe und Fruchtbarkeit –
also Vorsicht, da Sie wahrscheinlich noch keine Ab-
sichten bezüglich zweiterem hegen. Auch die Mandel,
sinnliche Zutat vieler arabischer Süßspeisen, erregt
und weckt die Leidenschaft in jeder Frau.

Weinempfehlung:
Passend zur Portweinsauce empfiehlt sich hier jedenfalls ein roter Süßwein, wie Portwein selbst, französischer Banyuls oder eine rote Trockenbeerenauslese
aus dem Burgenland.

PS: Sollte ich Ihnen im Untertitel zu diesem Kapitel doch
zu viel versprochen haben, so haben Sie immerhin einen
wunderschönen Abend in charmanter Gesellschaft, mit
erlesenen Weinen und köstlichen Gerichten erlebt. Und
das ist schließlich nicht so schlecht, oder?

La Tour de Fress

*Auch als Weinsnob muss man sich manchmal durch-
beißen*

Nachdem wir bereits im vorangegangenen Kapitel erkannt haben, dass Wein und Speise in symbiotischer Art
und Weise zusammengehören, geht es auch in diesem
Abschnitt primär ums Essen oder genauer gesagt: um
Restaurants, die ja bekanntlich des Weinsnobs liebste
Bühne sind. Um sich dort mit der notwendigen Souveränität zu bewegen, bedarf es einiger Übung, und um
sich in Kreisen der Fein- und Weinspitze keine Blöße zu
geben, auch einiger wirklich herzeigbarer Trophäen.
Herzeigbar heißt in diesem Fall: mindestens zwei, aber
besser drei Michelin-Sterne und mindestens drei, aber
besser vier Gault-Millau-Hauben. Genau um diese drehen sich viele Fachgespräche und noch viel mehr aufge-
regtes Geschnatter in der Tonart: »Du, warst du schon
im ›Spago‹, also ich muss Dir saaagen …« Wenn Sie
darauf mit der Frage »Meinst du das in Hollywood oder
das in Las Vegas?« antworten, liegen alle Trümpfe in
Ihrer Hand. Wenn Sie »Spago« hingegen für ein neues
Broadway-Musical halten, bewegen Sie sich vielleicht
doch im falschen gesellschaftlichen Umfeld. Denn unter
Gourmets und Weinsnobs hat man einfach zu wissen,
dass das »Spago« ein international berühmter Hot Spot
der Szene ist, auch wenn kein Mensch präzisiert, dass es
sich – zumindest das »Ur-Spago« – in Los Angeles befindet und ein bekanntes Prominenten-Gourmetlokal ist.
Ein anderer wird vielleicht sagen: »Ich habe bei Wolf-

gang Puck herrlich gegessen!« – womit für alle Insider klar ist, dass er im »Spago« war, dessen Patron der aus Österreich stammende Puck ist. Bestimmte Namen – sei es nun der des Patrons, des Lokals oder des Ortes – gelten als Geheimcode, mit dem sich Eingeweihte untereinander mit der größten Selbstverständlichkeit unterhalten, während andere keinen blassen Schimmer haben, worum es überhaupt geht. Man sagt: »Ich war bei ›Guérard‹« und meint damit Michel Guérards Restaurant in Eugénie-les-Bains, einem Ort, der so abgelegen ist, dass sich noch kein Lebender seinen Namen merken konnte. Sagt man: »Ich war bei Point!«, so kann nur das Restaurant »La Pyramide« in Vienne gemeint sein, dessen legendärer Patron Fernand Point freilich vor Jahren verstorben ist. Erklärt jemand stolz, er habe »in Lyon« gegessen, so wird es sich – auch wenn inzwischen andere Restaurants von der Bewertung her den Altmeister längst eingeholt haben – höchstwahrscheinlich um das Restaurant des großen Paul Bocuse handeln. Und so geht es fort: Der eine war »bei Marchesi« in Italien – der Name des Patrons –, der andere »im El Bulli« in Spanien – der Name des Restaurants. Man erkennt also bald: Will man in allen Toplokalen der Welt gegessen haben, so ist das mit einer mehrjährigen Reisetätigkeit und dem voraussichtlichen Privatbankrott verbunden. Falls Sie dafür weder über die nötige Zeit noch die Risikobereitschaft verfügen, gibt es auch eine Möglichkeit, das Verfahren abzukürzen. Nein, nein, ich meine nicht, dass Sie Ihre Kenntnissse einfach diversen Gourmetführern, deren Inhalt Sie auswendig lernen, abluchsen, denn um authentisch berichten zu können, sollten Sie auf jeden Fall vor Ort gewesen sein. Folgen Sie also einfach dem hier skizzierten 2-Schritte-Modell.

Als ersten Schritt erklären Sie, dass für Sie ausschließlich die Toplokale der Alten Welt in Frage kämen. Schließlich stehe die Wiege der feinen Küche ohne Zweifel in Europa, und hier ganz besonders in Frankreich, und alles andere, was sich etwa in Amerika, Japan – oder auch nur in England – abspiele, sei nichts weiter als Epigonentum und Verwässerung der reinen Lehre. Nachdem einer der zentralen Lebensgrundsätze jedes Snobs lautet, dass früher alles besser war, wird Ihnen diese Argumentation, die Ihnen Abertausende Flugkilometer erspart, nicht schwer fallen.

Sodann unternehmen Sie als zweiten Schritt eine Reise. Keine gewöhnliche Reise, sondern eine kulinarische »Tour de Force« – oder vielleicht besser »Tour de Fress« –, mit der Sie gleich alles in einem Aufwaschen erledigen. In acht bis zehn Tagen klappern Sie die größten Adressen in ganz Frankreich und meinetwegen auch noch einige in der Schweiz, in Deutschland, Italien oder Österreich ab und sammeln dabei Hauben und Sterne wie Alpenvereinsmitglieder ihre Wandernadeln. Alles, was Sie dafür benötigen, ist eine minutiöse Planung – was vor allem auch rechtzeitige Tischreservierungen mit einschließt –, einen außerordentlich robusten Magen, zwei gute Anzüge und das nötige Kleingeld, um die diversen Zechen zu bezahlen. Eine Investition, die sich auf jeden Fall lohnt, denn dann werden Sie es sein, der bei der nächsten Dinner-Party sagen wird: »Also neulich bei Marc Meneau, diese getrüffelte Bressetaube – einfach unvergleichlich.« Es wird Wohlklang in Ihren Ohren sein, wenn die Umstehenden fragen, in welchem Restaurant Herr Meneau denn koche, ehe Sie sich mit einem vernichtenden »Was, Sie kennen Marc Meneau nicht???« würdigeren Gästen zuwenden.

Dass freilich so eine Reise zu den letzten Abenteuern der zivilisierten Welt zählt, weiß niemand besser als ich, hatte ich doch einmal die Gelegenheit, an einer solchen »Tour de Fress« teilzunehmen. Und ich muss schon sagen, ich danke Gott, dass ich das erleben durfte, aber vor allem dafür, dass ich es überlebt habe! Meine Reisebegleiter waren Rudi Kellner, Topgastronom sowie österreichischer Wein- und Gourmetpfadfinder der ersten Stunde, sowie Franz Fakler, ebenfalls ein gestandener Wirt vom Scheitel bis zur Sohle, den keine auch noch so gewaltige Zechtour im Geringsten erschüttern kann. Rudi war längst dafür berühmt, einschlägige Wein- und Gourmet-»Bildungsreisen« auszuhecken, deren Strapazen durchaus mit jenen vergleichbar sind, die Livingston einst in Afrika auf sich nahm, um – so wie wir! – ein paar weiße Flecken auf der Landkarte auszumerzen. Doch mit der Planung dieser Tour, die als Weinreise zu den »Grands Jours de Bourgogne« getarnt, tatsächlich aber noch viel mehr als das war, hatte er sich selbst übertroffen. In sechs Tagen standen neben einigen tausend Fahrkilometern nicht weniger als zehn Spitzenrestaurants auf unserem »Speiseplan«, und wenn wir nicht gerade bei Tisch saßen, erwarteten uns exakt 22 ausgedehnte Weindegustationen. Als letzten Satz hatte Rudi auf sein ellenlanges Programm geschrieben: »Achtung, Stress total!« Das zeigte Wirkung: Von insgesamt sechs oder sieben Personen, die ursprünglich an der Reise teilnehmen wollten, fanden sich eines Sonntagmorgens gerade noch Rudi, Franz und ich in den heiligen Hallen des »Altwienerhofs« ein, wo unsere Reise beginnen sollte. Wir beluden unseren Wagen mit allerlei Gastgeschenken, wie Wachauer Rieslingen und burgenländischen Trockenbeerenauslesen, die – nach alter Seefahrerart – die Eingeborenen (in diesem Falle keine Indianer, sondern die burgundischen Winzer) milde stimmen sollten, und fuhren los. Als sich kurz vor Salzburg bei uns ein sonntagmittägliches Hungergefühl bemerkbar machte, meinte Rudi kryptisch: »Nach Werfen wäre es eigentlich kein großer Umweg …« Im Klartext hieß das: Mittagessen bei den Brüdern Obauer, damals eines von zwei 4-Hauben-Restaurants in Österreich. Wir nahmen einen kleinen viergängigen Lunch, tranken zum Abschied von Österreichs Weinen einen schönen Riesling von Knoll und rauschten alsbald weiter auf das Ziel unserer Tagesetappe, die »Schwarzwaldstube« in Baiersbronn, zu. Unter der Leitung von Küchenchef Harald Wohlfahrt hat sich das Gourmetrestaurant als eines der zwei höchstdekorierten von Deutschland längst zu einer Pilgerstätte für Feinschmekker entwickelt, der auch wir unsere Aufwartung nicht versagen wollten. Ein Abstecher, der sich gelohnt hat, wie wir nach zehn federleichten, köstlichen Gängen, von denen jeder einzelne mit der gnadenlosen Präzision eines Schwarzwälder Uhrmachermeisters gefertigt war, einhellig befanden.

In aller Herrgottsfrühe ging es weiter nach Beaune, in den »Vatikan« der Burgunder-gläubigen Weltgemeinde, wo wir unser segensreiches Wirken begannen. Wir aßen und kosteten und kosteten und aßen, und wenn wir mit dem Essen fertig waren, verkosteten wir erneut. Täglich von sieben Uhr in der Früh bis weit nach Mitternacht. Zeigten wir gelegentlich leichte Ermüdungserscheinungen, knurrte Rudi nur: »Wir sind doch nicht zum Vergnügen hier!« Also aßen und tranken wir – natürlich ausschließlich im Dienste der Wissenschaft – weiter. Wir luncheten bei Lamelois, wir tafelten bei Thibert, wir probierten in der »Pyramide«, und schließlich mundete es uns auch noch bei Meneau …

Nach sechs Tagen harten Kampfes an der »Glasfront« konnten wir die Rückreise mit dem Gefühl antreten, eine Fortbildungswoche in konzentriertester Form absolviert zu haben. Hinter uns lagen unzählige Weinproben und eine schier unüberblickbare Menge an Gerichten – selbst für schlachterprobte Gourmands eine Belastungsprobe, die an die Grenzen des Verkraft- oder besser Verdaubaren ging. Dennoch ließen wir es uns nicht nehmen, unsere Heimreise spätabends zu unterbrechen, um abschließend Jörg Wörther in seinem hochdekorierten Gourmethotel »Schloss Prielau« in Zell am See noch einen Besuch abzustatten. Unter der Tür stand der Patron selbst; er winkte uns freudig herbei und rief: »Burschen, ich habe etwas für euch gekocht …«

Zu Besuch beim Heiligen Gral

Warum der Weinsnob ein unvergleichliches Weinerlebnis erlebt haben muss

Lieber angehender Weinsnob, der Tag wird kommen, an dem Sie die Grundschulung absolviert, das Gläserschwenken, Schnüffeln und Schlürfen perfektioniert, die Toplokale im Umkreis von 1.000 Kilometern abgeklappert, Ihre Sinne durch unendlich viele Weinproben geschärft, die Jahrgangstabellen von Bordeaux auswendig gelernt und bereits unglaublich viele kluge Dinge über Wein gesagt haben werden. Und dennoch: Es bleibt das Gefühl, dass da noch irgendetwas fehlt. Sie haben Recht: Es ist das unvergleichliche Weinerlebnis. Eine Heldentat, neben der jeder noch so kühne Abenteuerbericht eines potentiellen Konkurrenten wie ein Schulaufsatz über einen Sonntagsspaziergang in der Lüneburger Heide klingt. Ein Erlebnis, dessen bloße Erwähnung andere Weinsnobs, die Ihnen vielleicht die Show zu stehlen versuchen, augenblicklich und lautlos zu Staub zerfallen lässt.

Aber was könnte das sein? Nun, Sie könnten zum Beispiel ein Fläschchen Château Pétrus 1947 ersteigern – was Sie, vorsichtig geschätzt, um rund 3.000 Euro ärmer machen würde – und aus diesem eine feine Rotweinsauce bereiten, die Sie Ihren verblüfften, oder sagen wir doch gleich: entsetzten, Gästen vorsetzen. Doch das wäre entschieden gegen den guten Geschmack (womit nicht die Sauce gemeint ist, die zweifellos ihre Qualitäten hätte). Schließlich kann auch Dekadenz ein Ausmaß erreichen, das selbst dem Image eines Weinsnobs nicht mehr wirklich zuträglich wäre.

Weiters könnten Sie eine ganz besondere Flasche verkosten – doch diese Möglichkeit haben viele, und die Geschichten darüber sind im Grunde genommen austauschbar. Das unvergleichliche Weinerlebnis kann also kein einzelner Wein sein und auch nicht eine tolle Verkostung – Sie müssen schon das Weingut besuchen! Das Weingut? Welches Weingut? Nicht irgendein Weingut, nein, das nicht, sondern ein ganz bestimmtes. Man stelle sich vor, zu sagen: »Wie man mir neulich auf dem Château ... erzählt hat ...« – So etwas macht Eindruck.

Stellt sich nur die Frage, welches Weingut das sein könnte. Mouton? Lafite? Oder gar Pétrus? Eines ist klar, es kommen insgesamt nicht mehr als vielleicht zehn dieser önologischen Kultstätten überhaupt in Frage, denn alles, was sich darunter bewegt, gibt an der Tafel der Weinsnobs vielleicht eine nette Schnurre, aber niemals die faszinierende Schilderung einer unvergleichlichen Großtat ab. Mouton wäre sicherlich nicht schlecht, aber kaum sagen Sie »Mouton«, wird ein anderer über seinen Besuch bei Lafite berichten, während Sie den gesamten Aufwand, den Ihnen die Mouton-Visite bereitet hat, geistig abschreiben. Ähnliches gilt für Cheval Blanc oder Latour, und selbst der Primus inter Pares unter den Weingütern des Bordelais, Château Pétrus, ist doch nur einer unter mehreren. Gewiss, eine Geschichte, die mit den Worten »Wie ich neulich mit Christian Moueix auf Pétrus den aktuellen Jahrgang verkostet habe ...« beginnt, würde schon einiges hergeben (allein schon deshalb, weil es ein großes Privileg ist, das Château überhaupt betreten zu dürfen). Doch auch wenn Pétrus – was nicht selten der Fall ist – immer

wieder die größten und renommiertesten Bordeauxweine hervorbringt, gibt es da eben immer noch Cheval Blanc, Latour und wie sie alle heißen.

Einen in diesem Sinn deutlich exklusiveren Status
hätte das berühmteste Süßweingut der Welt, Château
d'Yquem in Sauternes, aufzubieten. Andererseits: Obwohl die Weine dieses Gutes ohne jeden Zweifel zu den
göttlichsten Säften zählen, die jemals in Flaschen gefüllt
wurden – davon, dass sie auch nach über hundert Jahren exzellent sein können, ganz zu schweigen –, und
obwohl die Preise für den Yquem sicher nicht als Pap-
penstiel bezeichnet werden können, so hat das Château
doch nicht ganz das Renommee der Rotweingüter im
Bordelais. So erzählte mir einmal ein Weinhändler in
Bordeaux, den ich um seine Tips für Weininvestments
befragte (Sie sehen, ich streue wieder geschickt einen
Hinweis auf meine guten Kontakte nach Bordeaux ein),
es gäbe unter seinen Berufskollegen ein ungeschriebe-
nes Gesetz: »Investiere niemals einen Franc in Süßwein!« Was außerdem gegen Yquem spricht: Mit rund
6.500 Kisten ist die Jahresproduktion in Hinblick auf
die Exklusivität doch recht beachtlich, und dass sich die
Familie Lur-Saluces, in deren Besitz sich das Weingut
seit mehr als zwei Jahrhunderten befand, nun von einer
»Gemischtwarenkette«, die neben Cognac und Champagner auch Handtaschen und Parfums in ihrem Talon
hat, mehrheitlich »auskaufen« lassen musste, ist dem
Image des Hauses – jedenfalls was unseren Zweck betrifft – auch nicht wirklich zuträglich.

Was also wäre, was Produktionsmengen und Preise
betrifft, noch exklusiver als Yquem? Die großen Auf-
steiger der 90er Jahre wie Le Pin oder Valandraud vielleicht? Sie produzieren nur homöopathische Mengen,

erhalten für ihre Weine regelmäßig Spitzenbewertungen und erzielen auf dem Markt schwindelerregende Preise. Allerdings: Hier fehlt es nicht nur an der nötigen Tradition, sondern auch an einem gewissen Adel. Von den Bordelaiser Weinhändlern wegen der verschwindenden Größe ihrer Produktion spöttisch »Vins de garage« genannt, kann ein Besuch auf Valandraud – sei es nun im Keller oder in der Garage – wohl kaum das unvergleichliche Weinerlebnis darstellen.

Ich will Sie nicht länger auf die Folter spannen, des Rätsels Lösung liegt nämlich gar nicht – wie man wohl annehmen könnte – in Bordeaux, sondern vielmehr in Burgund.

Dort befindet sich ein Weingut, von dessen Spitzenlage weniger Flaschen produziert werden als von Le Pin oder Valandraud, dessen exorbitantes Image nur von den noch exorbitanteren Preisen seiner Weine übertroffen wird und dessen bescheidene Pforte Normalbürgern so verschlossen bleibt wie das Himmelstor armen Sündern: die Domaine de la Romanée Conti. Dieses und kein anderes Weingut bietet die optimalen Voraussetzungen für das unvergleichliche Weinerlebnis. Die Weine – sie stammen ohne Ausnahme von den besten Grand-Cru-Lagen Burgunds, wie La Romanée Conti, La Tâche (beide in Alleinbesitz), Richebourg, Grands-Echézeaux oder Le Montrachet – zählen unbestritten zu den größten, gesuchtesten und teuersten der Welt. Und eine Verkostung auf der Domaine zu erwirken ist mindestens so schwierig, wie eine Audienz beim Papst im Vatikan einzufädeln. Wenn es also einen »Heiligen Gral der Weinwelt« gibt, so ist das ganz sicher die Domaine de la Romanée Conti, von Insidern (der Einfachheit halber, aber vor allem um zu dokumentieren, dass sie solche sind) »D.R.C.« genannt. Die Zahl derer, die vergeblich an das Tor des Anwesens mit den schwungvollen schmiedeeisernen Lettern »Domaine de la Romanée Conti« gepocht haben und dann mit hängenden Köpfen wieder abgezogen sind, ist Legion. Aber wer es einmal geschafft hat, bis ins Allerheiligste vorzudringen und im Keller des Gutes die Fassproben zu verkosten, der zählt fortan zum engsten Kreis der Eingeweihten, aus dem ihn nichts und niemand je wieder verbannen kann. Die Initiationsriten des Weinsnobs sind damit abgeschlossen, und er darf sich mit Fug und Recht zu den Großmeistern seines Faches zählen. Machen Sie ruhig die Probe aufs Exempel, ehe Sie durch eine Intervention des französischen Staatspräsidenten versuchen, in die Domaine vorgelassen zu werden. Streuen Sie bei der nächsten Dinner-Party mit Weinfreunden und -freundinnen beiläufig den Satz »Wie ich unlängst auf der Domaine de La Romanée Conti die Fassproben verkostet habe …« ins Gespräch ein, und Sie werden Ohnmächtige zu versorgen haben. Ich weiß es, denn ich habe es ausprobiert. Und ich war in der Domaine de La Romanée Conti.

Der Weg in die Keller des strahlendsten Sterns am Burgunderhimmel war freilich lang und steinig. Doch nach unzähligen Faxen, Anrufen, Bekundungen des guten Willens und Nachweisen unseres untadeligen Leumunds wurden wir tatsächlich eingelassen. Unser Gastgeber war der Kellermeister des Hauses, Bernhard Noblet, ein baumlanger Mensch, dessen strenge Züge offensichtlich nur zu hohen Feiertagen durch ein Lächeln erhellt werden und der sich jederzeit mit Clint Eastwood ein packendes Schweigeduell liefern könnte. Er erklärte uns kurz ein paar Fakten zum Weingut, bestellte uns die Grüße des Eigentümers, Aubert de Villaine, der durch dringende Geschäftsangelegenheiten verhindert war, und wies ganz en passant noch darauf hin, dass am selben Tag eine aus Japan angereiste Gruppe von Weinafficionados trotz bestätigter Anmeldung leider abgewiesen werden musste. »Zu viele Menschen an einem Tag«, murmelte der Schweigsame und gab uns dadurch nicht nur zu verstehen, welche Ehre uns soeben zuteil wurde, sondern ließ auch durchblicken, dass, wenn es nach ihm ginge, »seine« Weine überhaupt von niemandem verkostet werden sollten, ehe sie nicht auf Flaschen gefüllt worden wären. Aber bitte. Mit einem leisen Seufzer, der wohl bedeuten sollte: »Es hilft ja doch nichts«, ergriff er schließlich einen Weinheber und eine Art Werkzeugkiste, in der sich mehrere große Burgunderkelche befanden, und bedeutete uns, ihm zu folgen. Kurz darauf öffnete er die Kellertür eines unscheinbaren Steingebäudes und winkte uns herein. Da standen wir nun im vielleicht saubersten Weinkeller, den ich jemals betreten habe (die »Raffinerien« der Neuen Welt einmal ausgenommen), und blickten gebannt auf die 14 Barriquefässer, in denen sich die Jahrgangsernte 1995 von der besten unter den roten Spitzenlagen Burgunds, »La Romanée Conti«, befand. Profane Gemüter errechneten blitzschnell, dass es davon rund 4.200 Flaschen geben würde; nicht viel, wenn man bedenkt, dass jeder Weinfreund der Welt diesen Wein liebend gerne in seinem Keller hätte. Was nicht zuletzt durch monetäre Barrieren verhindert wird. Große Jahrgänge werden auf dem Weltmarkt oft schon nach wenigen Jahren mit einem Preis von 1.500 Euro pro Flasche gehandelt, und wer ein Fläschchen davon ergattern will, der muss mindestens elf weitere – ebenfalls nicht wirklich billige – Kreszenzen des Hauses im Paket mitkaufen. Dies alles bedenkend, empfingen wir schließlich den Kostschluck aus dem Weinheber wie eine Hostie – und siehe da, er schmeckte ungleich besser als diese, um nicht zu sagen: phänomenal. Da hatten wir es also: das unvergleichliche Weinerlebnis!

Wenn Ihnen das alles zu mühsam ist und wenn Sie nicht beim französischen Staatspräsidenten intervenieren oder vielleicht gar nicht nach Burgund fahren wollen, dann gibt es – ich habe es bereits an anderer Stelle dieses Buches angesprochen – noch eine andere Lösung: Geld. Sollte dieses für Sie keine Rolle spielen, so lassen Sie sich einfach vom Händler Ihres Vertrauens zwei, drei Kisten »D.R.C. – sortiert« ankarren. Brüsten sich dann Ihre Weinfreunde mit eigenen Erlebnissen auf diversen Châteaux, so sagen Sie einfach: »Fein, aber jetzt lasst uns doch gemütlich einen ›La Tâche‹ trinken, ich habe ihn bereits zu Mittag dekantiert …«

PS: Im Zusammenhang mit »Mittag« und »La Tâche« fällt mir eine kleine Geschichte ein, die einmal mehr belegt, dass Understatement oft die höchste und feinste Form des Weinsnobismus darstellt. Mein Freund Christoph und ich hatten auf dem Weingut des Langenloiser Topwinzers Willi Bründlmayer einen ganzen Vormittag lang konzentriert den aktuellen Jahrgang seines breiten Sortiments durchgekostet. Als Belohnung winkte uns ein köstliches Mittagessen, das Willis Frau Edwige in der Zwischenzeit für uns zubereitet hatte. Zum Hauptgang – Lamm mit Bohnen – kredenzte uns der »Weinprofessor«, wie er von seinen zahlreichen Bewunderern ebenso liebevoll wie ehrfürchtig genannt wird, nicht etwa seinen eigenen formidablen Blauen Burgunder. »Soll ich den 70er Château Palmer oder den 85er La Tâche dekantieren?«, fragte er in aller Bescheidenheit und hielt uns die beiden Flaschen entgegen. Wir sind ebenfalls bescheidene Menschen und gaben dem La Tâche den Vorzug. Wenig später – der Blaue Burgunder des Hauses war sozusagen durch die Hintertür doch noch aufgetaucht – stellte sich heraus, dass zwischen diesem und dem La Tâche durchaus keine Welten liegen. So gesehen, war es vielleicht auch gar nicht so bescheiden, sondern zeugte im Gegenteil von einem ausgeprägten Selbstbewusstsein, den eigenen Wein gemeinsam mit einem der zweifellos größten Burgunder der Welt auf den Tisch zu stellen. Aber so sind sie nun einmal, die »Understatement-Weinsnobs«.

Willkommen im Club?

Lassen Sie sich mit – fast – keinem Verein ein …

Ich muss zugeben, dass ich unter einer Art Vereinsallergie leide. Da halte ich es mit Reinhard Mey, der bekanntlich nicht mit den Wölfen heulen will und – so wie ich – findet, dass mehr als zwei schon eine Gruppe seien. Auch mich machen Menschenansammlungen von mehr als zwei Personen leicht nervös, und ein wöchentlich wiederkehrender Termin, wie etwa ein Vereinsabend, würde mir den ganzen Rest der Woche schon im Voraus verderben.

Jetzt ist es aber so, dass die Existenz des Weinsnobs erst durch seine »Außenwirkung« einen Sinn bekommt. Kurzum, er braucht eine Bühne, er braucht Publikum, das staunend seine Darbietungen verfolgt, doch braucht er auch Mitspieler? Leider ja, denn wen sollte er sonst mit seinem überragenden Weinwissen ausstechen? Aber muss man sich deswegen gleich mit einem Verein einlassen?

Gut, wenn es sich um die Academie du Vin handelt, mag das ja angehen; immerhin handelt es sich dabei um eine hochseriöse Vereinigung mit hehren Zielen und elitärem Charakter. Aber die vielen Weinbruder-, -schwester- und vor allem -ritterschaften, die mich zuweilen schon zu ihren »Weinturnieren« und ähnlichen Veranstaltungen eingeladen haben, sind mir seit jeher ein wenig suspekt. Nicht nur, dass ich ihre lateinischen Wahl- und Wappensprüche nicht verstehe, finde ich es auch höchst merkwürdig, wenn sich erwachsene Menschen mit dunklen Roben bekleiden, sich seltsame Hüte auf den Kopf setzen, dicke Goldketten umlegen und sich mit eigenartigen Namen wie »Ritterlicher Hospes«, »Weinrat« oder »Konsul« ansprechen. Ähnliches gilt übrigens auch für die »Châine des Rôtisseurs«, eine sicherlich ehrenhafte Vereinigung, für die ich aber kaum Eignung aufweise, da sich mein Wirken als »Rôtisseur« selten über meinen heimischen Gasherd und den Gartengriller hinausbewegt. Zudem fehlt mir neben dem nötigen Verständnis zumindest noch für die nächsten zwei, drei Jahrzehnte das entsprechende Alter, um eine ernsthafte Bewerbung ins Auge fassen zu können.

So fiel es mir also insgesamt stets schwer, solche Bruder- oder Ritterschaftstreffen als gedeihliches Umfeld für den Weinsnob anzusehen. Rein zufällig habe ich dann aber doch ein solches entdeckt. Dabei handelte es sich freilich keineswegs um eine Vereinigung von Weinschwestern, -brüdern oder -rittern, sondern um einen guten, alten, traditionellen britischen Club. Er trägt einen ebenso einfachen wie einprägsamen Namen, der allein geeignet ist, den Weinsnob Freudensprünge vollführen zu lassen, nämlich »East India Devonshire Sports and Public Schools Club«, und befindet sich in 16, St. James Square, London. Dieser Club, der auf die einstmals mächtige East India Company zurückgeht, ist eine altehrwürdige Institution mit einer mehrere Jahrhunderte zurückreichenden Tradition. Der offensichtliche Mangel an einer solchen erklärt vielleicht auch, warum der Club-Idee, sobald sie auf Festland-Europa übertragen wird, stets etwas Aufgesetzt-Lächerliches anhaftet, während solche Einrichtungen in Großbritannien nach wie vor fixer Bestandteil des gesellschaftli-

chen Lebens sind. Vielleicht aber mangelt es in Rest-
europa auch einfach nur an geeigneten Gentlemen, um
einen solchen Club adäquat zu bevölkern. Sei's drum,
mein Freund Christian, der seine Jugend- und Schulzeit in England verbracht hat, ist nicht nur vom (stets
perfekt gekämmten) Scheitel bis zur (handgenagelten)
Schuhsohle ein Musterexemplar dieser selten geworde-
nen Spezies, sondern auch Mitglied des besagten Clubs.
Als wir vor Jahren einmal beide in London zu tun hatten, lud mich Christian ein, ihn zum Abendessen in seinen Club zu begleiten. Wir trafen uns also am Piccadil-
ly Circus und spazierten ein paar Schritte in Richtung
Süden, ehe Christian vor einem der Häuser am St.
James Square stoppte und erklärte: »Hier ist es!« Tatsächlich befand sich am Hauseingang nicht der kleinste
Hinweis, dass hier ein Club untergebracht sei, und
bereits hier dämmerte mir, dass es sich wohl um den
idealen Aufenthaltsort für jede Form des Snobs handeln
musste, gilt doch für diesen die Definition des ursprünglich aus Ungarn stammenden britischen Best-
sellerautors George Mikes, der da meinte: »Der Gipfel
des Snobismus besteht darin, durch Unauffälligkeit auf-
zufallen.«

Wir durchschritten die Pforte, und bereits bei der
Portiersloge, wo sich Christian anmeldete und erklärte,
dass er einen Gast – meine Wenigkeit – mitgebracht
hätte, überkam mich ein weiterer Schub der Erkenntnis, warum sich der Weinsnob ausgerechnet hier so
wohl fühlen muss wie ein Fisch im Wasser. Das Wesen
eines solchen Clubs konstituiert sich nämlich nicht, wie
man bei oberflächlicher Betrachtung vielleicht annehm-
men könnte, primär durch dessen Mitglieder, sondern
viel eher durch all jene, die nicht Mitglieder sind und

daher auch keinen Zutritt haben. Dass dieser Zutritt nicht jedermann so mir nichts, dir nichts gewährt wird, versteht sich da von selbst. Es genügt nämlich keineswegs, den vorgeschriebenen jährlichen Mitgliedsbeitrag zu bezahlen, um sich fortan »Member of the Club« nennen zu dürfen. Dafür sind darüber hinaus zwei »Sekundanten«, die bereits Mitglieder sind und für den neuen Anwärter bürgen, notwendig. Und schließlich hat man noch die in einem knapp 100 Seiten starken Manuskript dargelegten »Club-Rules«, die von den Bekleidungs- über die Benimmvorschriften bis zur Sperrstundenregelung reichen, vollinhaltlich zu akzeptieren. Erfüllt man alle diese Bedingungen, so steht einer Aufnahme nichts mehr im Wege; jedenfalls sofern man männlichen Geschlechts ist (wofür es meines Wissens keines eigenen Nachweises bedarf) – denn es handelt sich hier um einen Herrenclub. Das mag in Zeiten einer gewissen Emanzipation vielleicht als Anachronismus erscheinen, doch erstens sind Damen als Gäste zugelassen (wenn auch bestimmte Bereiche den Männern vorbehalten bleiben), zweitens gibt es – zwar weniger, aber doch auch – genauso reine Damenclubs, und drittens ist es – Emanzipation hin, Political Correctness her – auch überhaupt nicht einzusehen, warum es keine solchen »Männerrefugien« geben soll, zumal die meisten Damen ohnehin kein besonderes Interesse daran haben, in rauchgeschwängerten Räumen beträchtliche Mengen an Whisky und Gin in sich hineinzuschütten und sich dabei über Fußball und Pferdewetten zu unterhalten.

Über eine Treppe erreichten wir das Untergeschoss, wo sich neben den »unvermeidlichen Räumlichkeiten« die Garderobe und – siehe und staune – ein Frisör befanden, vor dem mich mein Gastgeber mit dem Hinweis: »Er beherrscht nur einen einzigen Standardhaarschnitt« ausdrücklich warnte. Bemerkenswert war hier freilich nicht nur dieser Untergrund-Barbier, sondern auch die Garderobe, an deren Kleiderhaken schwere Ketten mit Vorhängeschlössern angebracht waren, die wohl auch dem edelsten Burberry-Mantel ausreichenden Diebstahlschutz bieten würden. Da es noch recht zeitig am Nachmittag war, begaben wir uns vorerst einmal ins Lesezimmer in der Beletage, dessen Ausstattung mit schweren, rotledern tapezierten Clubsesseln und kleinen, mit einer Fülle an internationalen Zeitungen voll gepackten Tischen ziemlich genau jenem Klischeebild entspricht, das man eben von einem britischen Club im Kopf hat. Neben jedem Sessel war ein Knopf in die Wand eingelassen, den ich erst für einen Lichtschalter hielt, der aber – nachdem ich ihn, neugierig wie ich nun mal von Natur aus bin, gedrückt hatte – in Windeseile einen perfekt gedressten indischen Kellner auf den Plan rief, der sich vor uns verbeugte und fragte: »Da jah like some thi, sah?« Ich hatte mein Englisch bis dahin für gar nicht so schlecht gehalten, aber ich muss zugeben, dass ich mir nicht sicher war, ob diese Sprache überhaupt Englisch war. Christian beruhigte mich, dass es nicht mein Englisch war, das hier Kommunikationsprobleme verursacht hatte, und wir einigten uns – so früh war es ja doch nicht mehr – darauf, zwei Single Malt Whiskys von Lagavulin zu ordern (schließlich waren wir ja nicht wirklich hierher gekommen, um Tee zu trinken, und ein Blick in die Runde der anwesenden Gentlemen bestätigte uns, dass wir mit dieser Absicht nicht allein waren).

Solcherart gestärkt, machten wir uns auf den Weg

zum noblen Speisesaal im Erdgeschoss, wobei wir eine imposante Anschlagtafel passierten, auf der nicht nur die tagesaktuellen Börsenkurse ausgehängt waren, sondern auch Ankündigungen von sportlich-gesellschaftlichen Großereignissen, wie der traditionellen »Henley-Regatta« oder dem Tennisturnier von Wimbledon. In England schickt es sich nämlich, wenn man entsprechenden Kreisen angehört oder sich diesen zumindest zugehörig fühlt, dass man sich zu bestimmten Zeiten des Jahres an gewissen Plätzen aufhält, und die Clubs bieten ihren Mitgliedern den Zugang zu diesen elitären Ereignissen.

Im Speisesaal angekommen, harrte ich gespannt der Dinge, die da auf uns zukommen mochten. Es kam ein typisch englisches Abendessen auf solidem Niveau, aber ohne besondere Highlights, wenn man von der exzellenten gebratenen Hochrippe, die auf einem Schmuckstück von einem Fleischwagen mit silberglänzender Cloches durch den Raum geführt wurde, einmal absieht. Dazu wurde ein Rotwein serviert, der hier schlicht als der »Club Claret*« bezeichnet wurde und eigens für den Club etikettiert worden war. Tatsächlich war es ein phantastischer Wein – wenn ich mich recht erinnere der Sociando-Mallet 1982 –, der sich an diesem Abend in Bestform präsentierte. Ich war ein wenig verwundert, dass man hier angejahrte Bordeaux einfach so aus dem Hut zu zaubern schien, wurde aber dann darüber aufgeklärt, wie der Club zu solchen Weinen kommt. Alljährlich ist es die Aufgabe des »Wine-Commitee« ins Bordelais zu pilgern, um dort einen Wein auszuwählen, von dem dann etliche hundert Kisten geordert und im

---

* Claret ist die in England übliche Bezeichnung für rote Bordeaux.

Keller des Hauses gelagert werden. Da diese Tradition seit langer Zeit gepflegt wird, hat man stets ausgereifte, trinkfertige Weine zur Verfügung. Als ich dies erfuhr, wurde mir nicht nur klar, warum England das Mutterland des Bordeauxweinhandels ist, sondern auch, dass hier Weinkultur in einem Ausmaß und mit einer Selbstverständlichkeit gepflegt wird, die ihresgleichen suchen. Ohne viel Aufhebens darum zu machen, werden ausgezeichnete Weine ausgeschenkt, und diese heißen dann einfach »Club Claret« – ein Understatement, das weinsnobmäßig höchste Achtung verdient. Doch damit der Genüsse nicht genug. Mehrmals fuhren an diesem Abend noch die uns mittlerweile ans Herz gewachsenen Wagen vor, bald mit reifem Käse, dann mit einer formidablen Auswahl an feinen Zigarren, an der wir ebenfalls nicht einfach vorübergehen konnten, und schließlich noch mit erlesenem Port, der nach demselben System gekauft, gelagert und schließlich getrunken wird wie der Bordeaux.

Ab neun Uhr abends darf im Restaurant des Clubs geraucht werden – was übrigens zur Folge hat, dass dort bis kurz vor neun gähnende Leere herrscht –, wir zogen es aber vor, den Abend mit Whisky und Zigarre in der Bar des Hauses ausklingen zu lassen. Als mich am Morgen – ich war von den Strapazen des Abends noch ein wenig mitgenommen – ein Bediensteter mit einem »Full English Breakfast«, serviert auf einem schweren Silbertablett, weckte, da wusste ich wieder einmal: Es ist schön, ein Weinsnob zu sein!

Parker sagt …

Die Weinpäpste der Welt – und was ihr Urteil wert ist

Es handelt sich hierbei um eine Art »Glaubensfrage« unter Weinfreaks, geht es doch darum, wem von den international angesehensten Weindegustatoren und -autoren man geneigt ist, Glauben zu schenken.

Sagte man etwa früher altmodisch: »Der Château Trotanoy 1975 hat mich vor allem mit seiner Fülle und seiner Eleganz beeindruckt«, so lassen moderne Weinfreaks heute in der Diskussion über irgendwelche edlen Tropfen primär ihre »Sekundanten« sprechen, indem sie sagen: »Parker hat dem Wein 90 Punkte gegeben!« Worauf andere kontern: »Im *Wine Spectator* wird er aber nicht so toll bewertet« und die dritten hinzufügen, dass René Gabriel dem Châteaubesitzer nahegelegt habe, es anstatt des Weinbaus mal mit der Rinderzucht zu versuchen. An die Stelle einer Diskussion über tatsächlich verkostete Weine ist also eine Art »Stellvertreterkrieg« getreten, in dem die Wertungen und Meinungen von Dritten gegeneinander ins Treffen geführt werden. Auf diese Art und Weise kann man sich wunderbar und tiefsinnig einen ganzen Abend lang über Weine unterhalten, die keiner der Anwesenden jemals verkostet hat noch je kosten wird, und man könnte mitunter schon fast glauben, dass es in Zukunft genügen wird, wenn die Châteaux zwanzig, dreißig Kostflaschen für die maßgeblichen Weinauguren dieser Welt abfüllen würden …

Abgesehen davon, dass die angesprochene Entwicklung zu einer unverschämten Demokratisierung des Weinwissens geführt hat, die dem Weinsnob keineswegs recht sein kann, sieht er sich – da er wohl nicht jährlich sämtliche aktuellen Bordeaux- und sonstigen Weine durchkosten kann – ebenfalls gezwungen, auf Literatur zurückzugreifen. Nur, wer ist unter diesen Großmeistern der »Obergroßmeister«, der Träger des schwarzen Gürtels und Inhaber der ultimativen Weinweisheit? Ich darf mir erlauben, Sie in Ihrem Urteil wieder mit einer kleinen – und natürlich wie immer vollkommen subjektiven – Expertise ein wenig zu unterstützen.

Der amerikanische Exanwalt *Robert M. Parker junior*, Herausgeber des Informationsdienstes *The Wine Advocate* und mehrerer Bücher – darunter der 2,6-Kilo-Wälzer *Parker Bordeaux* –, ist derzeit, was den Einfluss auf die Preisgestaltung angeht, der wohl wichtigste Weinautor der Welt. Alles hängt an seinen Lippen, wenn er seine »Parker-Punkte« (zwischen 0 und 100, wobei Wertungen unter 50 nur theoretisch sind) vergibt, und nicht wenige Produzenten und Händler orientieren ihre Preise an seinem Verdikt, zumal sich Parker-Fans beim Weinkauf ausschließlich an den Wertungen ihres Gurus orientieren.

Meine Meinung: Parker ist, vor allem was Bordeaux betrifft, zweifellos ein großer Experte. Mir erscheint freilich sein Geschmack, was meinen Gaumen anbelangt, ein wenig zu amerikanophil. Alles was dick, schwarz und tanninreich ist wird von ihm hochgelobt, während Kriterien wie Harmonie, Eleganz oder Finesse für ihn keine Bedeutung zu haben scheinen. Parkers

Verdienst, aber gleichzeitig auch seine Schwäche, ist es, alles an einem Wein »messbar« machen zu wollen, und das von ihm populär gemachte 100-Punkte-System spiegelt den Versuch wider, einen Wein in möglichst kleine Einheiten zu sezieren und so quasi wissenschaftlich zu bewerten. Während Parker ein perfekter, vom amerikanischen »Hitparaden-Denken« geprägter Analytiker zu sein scheint, bleibt ihm das »gewisse Etwas«, das einen sehr guten von einem großen Wein unterscheidet und das von europäisch geschulten Nasen und Gaumen (oder vielleicht auch Köpfen) vielleicht eher wahrgenommen werden kann, oft völlig verborgen.

Der Schweizer *René Gabriel* ist nicht nur Chefeinkäufer der mächtigen »Mövenpick-Gruppe«, sondern auch Herausgeber der Weinpostille *Der Weinwisser*, Autor des großformatigen Kompendiums *Bordeaux total*, Organisator unzähliger Verkostungen von großen Weinen und und und … Es mag zwar ein wenig eigenartig anmuten, wenn ein Weinhändler gleichzeitig Kritiker ist, doch der wortgewaltige Gabriel scheint diese zwei an sich unvereinbaren Dinge ganz gut unter einen Hut zu bringen. Er ist von seiner Präsenz auf dem Markt her der wohl jüngste der maßgeblichen Kritiker, hat sich aber innerhalb weniger Jahre in Europa, und zuletzt immer mehr auch international, einen guten Namen gemacht.

Meine Meinung: Obwohl – oder vielleicht gerade weil – sich René Gabriel kein Blatt vor den Mund nimmt und dadurch zuweilen ein wenig arrogant oder überheblich wirkt, ist er mein persönlicher Favorit. Als Einkäufer beurteilt er Weine nicht im luftleeren Raum, sondern sehr konkret, nicht nur in Hinblick auf ihre Qualität, sondern auch auf ihre Preiswürdigkeit. Als Leser profitiert man auf jeden Fall von seinem alljährlichen »Monsterverkostungsprogramm«, das von Außenstehenden (Neidern?) zuweilen auch kritisiert wird, denn wenn es darum geht, im Bordelais aktuelle Tendenzen zu orten, noch bevor sie richtig sichtbar sind, oder Newcomer mit exzellentem Preis-Leistungs-Verhältnis aufzuspüren, dann hat Gabriel die Sensibilität eines Seismographen. Seine Bewertungen (die er nach dem in Europa gebräuchlichen 20-Punkte-Schema vornimmt) sind seriös und doch auch erfrischend eigenständig. Wenn ihm ein Wein nicht schmeckt, dann teilt er das dem Leser in deutlichen Worten mit, und wenn ihm bei einem großen Weinerlebnis das Herz übergeht, so glaubt man förmlich, den Wein mit ihm mitzukosten. Trotz seiner Professionalität scheint mir Gabriel ein echter, fanatischer und leidenschaftlicher Weinliebhaber zu sein, was ihn für mich sympathisch macht. Einziger möglicher Kritikpunkt: Vor allem bei jungen Jahrgängen scheint mir Gabriel – möglicherweise von der Opulenz und auch der Vielzahl der Fassproben beeindruckt – insgesamt ein wenig großzügig mit seinen Bewertungen zu sein. Allerdings scheut der unerschrockene Eidgenosse auch nicht davor zurück, diese zu einem späteren Zeitpunkt wieder zu revidieren. Irren ist schließlich – selbst für Weinkritiker – menschlich.

Der Brite *Michael Broadbent*, Master of Wine, Autor zahlreicher Weinbücher und bis Mitte der 90er Jahre Direktor der Weinabteilung des berühmten Londoner Auktionshauses Christie's, hat in letzterer Funktion wohl mehr große alte Weine verkostet als irgendein anderer

Mensch auf dieser schönen Welt. Er ist von der alten Garde, neben Hugh Johnson, wohl das größte Monument der Weinszene, ein Sir vom Scheitel bis zur Sohle und ein schier unerschöpfliches lebendes Weinlexikon. Broadbent genießt höchstes Ansehen bei jedem, der Wein von Traubensaft unterscheiden kann.

Meine Meinung: Die Verdienste von Michael Broadbent für den Wein und seine Liebhaber sind unumstritten. Beim Verkosten von unzähligen jahrgangsaktuellen Proben lässt der inzwischen emeritierte Broadbent gerne jüngeren Kollegen den Vortritt, doch wenn es um Altweine geht, dann führt kein Weg an seinem Urteil vorbei. Sein monumentales Hauptwerk, das in typisch britischem Understatement den schlichten Titel *Weinnotizen* trägt, gibt kompetent Auskunft über die Qualität von Abertausenden Weinen bis zurück zum Anfang des 18. Jahrhunderts, wobei Broadbent insbesondere bei Weinen aus dem 18. und 19. Jahrhundert weder an Quantität noch an Treffsicherheit der Beurteilung zu überbieten ist. Er bewertet die Weine nach einem einfachen System von eins bis fünf Sternen und beschreibt sie mit jener klaren Degustationsprosa, die ebenfalls wesentlich zu seinem heutigen Ruhm beigetragen hat.

Der Engländer *Hugh Johnson* ist der berühmteste und meistgelesene Weinpublizist der Welt. Bereits von seinem ersten, 1966 erschienenen Buch *Wine* verkaufte er bisher über 750.000 Exemplare, sein *Großer Weinatlas* und sein Taschenführer *Der kleine Johnson* wurden jeweils in 13 Sprachen übersetzt und gingen beide mehrere Millionen Male über den Ladentisch. Und seine Enzyklopädie *Hugh Johnsons Weingeschichte* ist weltweit das absolute Standardwerk auf diesem Gebiet. Ganz nebenbei hat Wein- und Gartenfreak Johnson auch noch einige Bestseller über Bäume und Gartengestaltung verfasst.

Meine Meinung: Hugh Johnson ist zweifellos der Weinliterat unter den Weinautoren. Ihm ist es wichtiger, dass seine Werke auch einem hohen stilistischen Anspruch genügen, als jährlich mindestens zehntausend Proben zu verkosten, und er ist ein erklärter Gegner einer Weinbewertung nach Punkten. In seinem Taschenweltweinführer *Der kleine Johnson*, der gegenüber anderen den offenbar schlagenden Vorteil des Kleinformats hat, bewertet er die Qualität des Weines oder Weinguts mit ein bis vier Sternen und hebt zusätzlich Jahrgangsqualität und Trinkreife hervor. Vielleicht eine konservative Art, Wein zu bewerten, möglicherweise aber auch jene, die diesem vielschichtigen und eigentlich »unfassbaren« Naturprodukt am ehesten gerecht wird.

Der *Wine Spectator* ist das bekannteste und wohl auch meistgelesene Weinmagazin der Welt. Durch die Größe und finanzielle Kraft des Unternehmens hat man die Kapazität, das »Fine-Wine-Geschehen« rund um den Erdball im Auge zu behalten wie kein anderes Medium, was durch zahlreiche Korrespondenten – insbesondere in Europa – noch unterstützt wird. Ebenso wie Robert Parker greift der *Wine Spectator* auf das 100-Punkte-Schema zurück, um die Weine zu bewerten. Im 14-tägig erscheinenden Magazin, das auch in Europa abonniert werden kann, findet man jeweils Storys und Verkostungen zu bestimmten Themen. Einmal jährlich erscheint die aktualisierte Ausgabe des *Wine buying Guide*, in dem sämtliche Verkostungsnotizen, Bewertungen und Preise, die im *Wine Spectator* je erschienen sind, zusammengefasst werden.

Meine Meinung: Der *Wine Spectator* ist ein sehr professionell gemachtes Magazin, neben dem andere große Weinmagazine, wie der britische *Decanter* oder das deutsche *Alles über Wein,* immer ein wenig schwerfällig und verstaubt wirken. (Besser präsentiert sich übrigens *Vinum* in der Schweiz.) In den Beurteilungen ist man ein bisschen maßvoller als Robert Parker, bei dem etwa die ultimative »100-Punkte-Note« wesentlich lockerer sitzt. Aus europäischer Sicht ist die Berichterstattung allerdings doch recht Amerika-lastig, und es stellt sich die Frage, ob man wirklich die Ergebnisse einer Verkostung von 251 kalifornischen Chardonnays bis ins Detail kennen muss. Auch haben mehrere Blattreformen während der letzten Jahre die »reine Lehre« ein wenig verwässert, da man sich zunehmend auch mit Food- und Lifestyle-Themen beschäftigt. Was die Bewertungen angeht, ist der *Wine Spectator* dennoch eine zuverlässige Quelle; die in den USA vielleicht nützlichen Preisangaben sind für uns Europäer jedoch höchstens frustrierend, da beispielsweise Weine aus Bordeaux oder Burgund in Amerika deutlich günstiger zu haben sind als etwa in Österreich oder Deutschland.

Jetzt haben Sie also einen kleinen Überblick über die »Weinpäpste« und Institutionen der Weinwelt erhalten und können sich überlegen, auf wessen Urteil Sie in Zukunft bauen wollen. Sollte Ihnen jedoch keine der genannten Möglichkeiten wirklich zusagen, na dann geben Sie doch einfach Ihren Beruf auf und werden selbst Weinpapst …

Blitzkurs für Weinsnobs

oder: wie man sich innerhalb kürzester Zeit Respekt und Anerkennung verschafft

In Umkehrung eines auf Erziehungsprobleme gemünzten Sprichwortes könnte man sagen: Weinsnob sein, das ist nicht schwer, Weinsnob werden dagegen sehr. Denn in der Tat lässt sich die Ausbildungszeit des Weinsnobs, inklusive theoretischer und praktischer Recherchen, Lehr- und Wanderjahre, von der Länge her durchaus mit einem veritablen Medizin- oder Architekturstudium vergleichen. Ungeduldige Naturen werden sich jetzt sicher die Frage stellen, ob es denn keine Abkürzung dieses langwierigen Prozedere gibt, eine Art Schnellsiedekurs, mit dem man – gestern noch überzeugter Biertrinker – quasi über Nacht zum Weinsnob mutieren könnte. Tatsächlich existieren einige Methoden, mit denen Sie sich innerhalb kürzester Zeit zwar kein fundiertes Wissen, aber immerhin den Status des Weinsnobs verschaffen können. Die eine führt wieder einmal über den Weg des Bankkontos. Beauftragen Sie also einen seriösen Weinhändler damit, dass er Ihnen eine, eine einzige Flasche besorgen möge, die so exorbitant und sensationell ist, dass sie das Fundament Ihrer bevorstehenden Weinsnobkarriere bilden kann. Nur zur Orientierung: In Frage kommen dafür Kaliber wie der 1875er Lafite Rothschild, der 1868er Margaux oder der 1877er Latour. Je nach Marktlage und Zustand der Flasche wird Sie das schätzungsweise um 3.500 bis 4.000 Euro ärmer machen, aber vergessen Sie nicht, wie viel Zeit (und

Geld!) Sie sich damit andererseits ersparen können. Laden Sie sodann, nachdem Sie die Flasche einige Tage ruhen haben lassen, einen weinbegeisterten Freund ein, der gleichermaßen glaubwürdig wie geschwätzig ist und von dem Sie sich wünschen, dass er Ihnen einen ziemlich großen Gefallen schuldig ist. Stimmen Sie sich mit der besten Flasche Riesling, die Sie in Ihrem Keller finden können, ein und zelebrieren Sie anschließend mit Ihrem Freund die Degustation des hoffentlich edlen Tropfens. Trinken Sie die Flasche aus, und geben Sie sie später mit den Worten: »Ich hebe so etwas nicht auf, sonst stünde ja die ganze Wohnung voller leerer Weinflaschen« Ihrem Freund mit auf den Weg. Warten Sie noch 48 Stunden ab. Gehen Sie dann ins beste Restaurant der Stadt, und genießen Sie die Bewunderung, die Ihnen von allen Seiten entgegenschlagen wird. Sie sind ein Weinsnob! Oder man hält Sie zumindest dafür.

Ach ja, ein Wort noch: Sollte der Wein korken oder »hinüber« sein, war alles umsonst. Aber sagen Sie nachher nicht, ich hätte Sie nicht gewarnt.

Sollte Ihnen das alles zu kostspielig oder zu riskant sein, gibt es noch eine zweite Möglichkeit, wie Sie im Gespräch mit echten oder selbsternannten Weinkennern zumindest die ersten Runden überstehen und sich so über die Distanz bringen können. Warten Sie ab, bis der günstigste Moment da ist, und feuern Sie dann eine der folgenden »Zehn Weinphrasen, die Sie zum Weinsnob machen« ab:

1. Le Pin kann man sich ja heutzutage nicht mehr leisten!

Stimmt, denn diese Weine durchbrechen meist schon kurz nachdem sie auf dem Markt sind die »800-Euro-

Schallmauer«. Sie lassen aber hellseherische Fähigkeiten durchblicken, da Sie die Weine dieses winzigen Bordelaiser Kult-Châteaux offensichtlich schon getrunken haben, als sie noch leistbar *waren.*

2. *Weiße Burgunder dekantiere ich grundsätzlich!*
Große Weißweine zu dekantieren ist eine eher neue Idee und damit zumindest Ansichtssache; daher kann Ihnen hier auch niemand am Zeug flicken.

3. *Von Malolaktik bei Rieslingen halte ich nichts, weil dabei die Frucht verloren geht.*
Fast immer richtig – Sie müssen Önologe sein, da Sie sich offensichtlich mit der Frage des biologischen Säureabbaus beschäftigen!

4. *Wenn Sie einen Wein trinken wollen, der schmeckt wie Mouton Rothschild, aber nur ein Fünftel kostet, empfehle ich Ihnen Château Citran.*
Obwohl Citran, das zu den echten Aufsteigern der 90er Jahre zählt, irreführenderweise ganz woanders liegt (nämlich in der Nähe von Margaux), könnte man den Wein – zumal er speziell für einen Cru Bourgeois von exzellenter Qualität ist – blind verkostet leicht mit einem Mouton verwechseln.

5. *Ich finde, dass Parker Château Montrose 1990 überschätzt hat.*
Ziemlich sicher; Montrose ist zwar sehr gut, aber musste der amerikanische Weinguru gleich 100 Punkte geben? Außerdem: Wer hat schon Montrose 1990 getrunken ...

6. Romanée Conti 1995 ist für mich einer der größten Weine, die sie je gemacht haben.

Stimmt, ich habe ihn verkostet. Der Topwein der burgundischen Domaine de la Romanée Conti ist übrigens kaum für Geld zu bekommen.

7. Ich vermute, dass dieser Chardonnay in Allier-Barriques gelegen ist.

Das tun die meisten; aber selbst wenn er in Nevers – Tronçais – oder slawonischer Eiche gelegen wäre, lässt sich Ihre Behauptung höchstens vom Winzer stichhaltig widerlegen.

8. Der weiße Corton Charlemagne ist für mich dem Montrachet ebenbürtig.

In dieser berühmten Burgunderlage wächst nur wenig Weißwein – aber Sie scheinen ihn zu kennen!

9. Bei den Champagner-Prestige-Cuvées sind die Blanc de Blancs (ausschließlich aus weißen Trauben) einfach eleganter.

Eigentlich eine Binsenweisheit, aber es klingt wirklich gut.

10. Zum Fisch trinke ich ganz gerne auch einmal einen kühl servierten jungen Rotwein.

Sie liegen ja voll im Trend – Ihnen braucht wirklich keiner mehr etwas zu erzählen!

Sind Sie ein Weinsnob?

Testen Sie sich selbst!

Vielleicht ist es Ihnen auch schon passiert, dass Ihre Freunde und Bekannten, wenn Sie im Restaurant wieder einmal einen Ihrer Meinung nach korkenden Wein zurückgeschickt, eine Speise als ungesalzen reklamiert oder die mindere Glaskultur des Hauses bemängelt haben, spöttisch bemerkten: »Du bist vielleicht ein Snob!« Und während Sie dieses Buch bis hierher durchgelesen haben, werden Sie sich womöglich des öfteren gefragt haben: »Bin ich's, oder bin ich's nicht?« Ich möchte Sie daher von Ihren Seelenqualen und Ihrem inneren Zwiespalt mittels eines einfachen Tests erlösen, durch den Sie erfahren, wie weit Ihr Weinsnobismus bereits gediehen ist. Beantworten Sie ehrlich die folgenden Fragen, zählen Sie Ihre Punkte zusammen und überprüfen Sie anhand der Auswertung Ihren persönlichen »Weinsnob-Status«.

1. Als Sie zum ersten Mal Vater/Mutter wurden, sagten Sie über das Baby:
A. Schaut, wie es lacht!
B. Schaut, wie es trinkt!
C. Irgendwie erinnert mich sein Gesicht an einen kalifornischen Winzer, dessen Namen mir jetzt nicht einfällt …

2. Der Name Ihres Hundes ist ...

A. Cinzano

B. Brunello

D. Rex

*3. Sie finden im Weinregal Ihres Supermarktes unver-
hofft eine Kiste Haut-Brion 1985 zu einem sehr vorteil-
haften Preis:*

A. Sie schlagen sofort zu und nehmen die Kiste mit
   nach Hause.

B. Sie rufen Ihre Frau an und holen die Erlaubnis für
   den Kauf ein.

C. Sie rufen Ihren Chauffeur an, damit er Sie und Ihre
   Weinkiste abholen kommt.

*4. Sie sind in der Kirche, gehen zur Kommunion und
erhalten die Hostie. Sie sagen:*

A. Amen.

B. Dürfte ich den Wein auch einmal kosten?

C. Wenn ich nicht irre, haben Sie hier eine trockene
   Riesling Spätlese im Kelch, stimmt's?

5. In den Regalen Ihrer Bibliothek stehen ...

A. Weinbücher

B. die großen Werke der Weltliteratur

C. Flaschen und Gläser

6. Die Namen Ihrer Kinder lauten ...

A. Gargantua und Pantagruel

B. Bernd und Elke

C. La Tâche und Picolit

7. Als Kind tauschten Sie mit Ihren Freunden ...
A. Bilder berühmter Fußballspieler
B. Bierdeckel
C. Weinetiketten

8. Sie erben überraschend eine große Summe Geld und
kaufen sich ...
A. eine Menge toller Weine, die Sie schon immer haben wollten, aber sich nicht leisten konnten
B. einen Ferrari F-50
C. ein Häuschen in Pauillac mit Blick auf den Turm von Château Latour

9. An der Wand Ihres Schlafzimmers hängt eine
Reproduktion von ...
A. Vincent van Goghs »Der rote Weinberg«
B. Andy Warhols Etikett für den Mouton Rothschild 1975
C. Leonardo da Vincis Mona Lisa

10. In die Scheibenwaschanlage Ihres Autos füllen
Sie ...
A. Frostschutzmittel
B. Obstler
C. Hennessy X.O.

11. Sie sind bei Ihrer neuen Flamme, die ein feines ita-lienisches Nudelgericht zubereitet hat, zum Abendessen eingeladen. Dazu hat sie eine Flasche halbtrockenen Riesling eingekühlt. Was machen Sie?

A. Sie weisen darauf hin, dass Sie Antibiotika nehmen, und bitten sie um ein Glas Wasser.

B. Sie machen gute Miene zum bösen Spiel und trin-ken den süßen Riesling.

C. Sie erinnern sich plötzlich, dass Sie das Bügeleisen zu Hause nicht ausgesteckt haben, springen in ein Taxi und kommen mit einer Flasche Chianti Classi-co Riserva 1997 und den dazupassenden Gläsern zurück.

12. Den Super-Second Pichon-Longueville-Comtesse-de-Lalande aus Pauillac bezeichnen Sie als ...

A. einen teuren, aber exzellenten Bordeauxwein

B. Pichon-Long-was??

C. »Comtesse«

Auflösung:

1.
A.   0 Punkte
B.   5 Punkte
C. 10 Punkte

2.
A.   5 Punkte
B. 10 Punkte
D.   0 Punkte

3.
A.   5 Punkte
B.   0 Punkte
C. 10 Punkte

4.
A.   0 Punkte
B.   5 Punkte
C. 10 Punkte

5.
A.   5 Punkte
B.   0 Punkte
C. 10 Punkte

6.
A.   5 Punkte
B.   0 Punkte
C. 10 Punkte

7.
A.   0 Punkte
B.   5 Punkte
C. 10 Punkte

8.
A.   5 Punkte
B.   0 Punkte
C. 10 Punkte

9.
A.   5 Punkte
B. 10 Punkte
C.   0 Punkte

10.
A.   0 Punkte
B.   5 Punkte
D. 10 Punkte

11.
A.   5 Punkte
B.   0 Punkte
C. 10 Punkte

12.
A.   5 Punkte
B.   0 Punkte
C. 10 Punkte

Ihr persönlicher Weinsnob-Status

unter 60 Punkte
Sie befinden sich absolut im »grünen Bereich«, und wer Sie einen Weinsnob nennt, der weiß nicht, wovon er spricht. Wein trinken Sie gerne aufgespritzt mit Mineralwasser, aber in Ihrem Keller haben Sie keine geeignete Lagermöglichkeit, weil alles mit Bierkisten voll gestellt ist. Wenn Sie Bekannte besuchen, bringen Sie Ihnen Konfekt mit und hoffen, dass diese noch immer diesen köstlichen grünen Tee haben, der Ihnen schon letzthin serviert wurde. Um Ihre Gesundheit brauchen Sie sich keine Sorgen zu machen, denn bei Ihrem maßvollen Weinkonsum müssten Sie mindestens 200 Jahre alt werden.

60–99 Punkte
Sie sind ein hoffnungsvoller Kandidat, der bei einiger Übung durchaus zum Weinsnob avancieren könnte. Mehrfach haben Sie Ihrer Frau schon gut zugeredet, dass man aus den Trauben, die sich an Ihrem Haus emporranken, doch auch Wein pressen und dass man einmal Urlaub in Bordeaux machen könnte (die haben dort so ein mildes Klima!), allerdings ohne Erfolg. In Ihrem Weinkeller findet sich für jeden Anlass etwas, egal ob weiß, rot, süß oder prickelnd. Wenn Ihre Freunde zu Besuch kommen, bringen sie Ihnen regelmäßig Weine mit, die sie vorher im Supermarkt um die Ecke um vier Euro erstanden haben. Zu Weihnachten wünschen Sie sich einen Satz Riedelgläser und Hugh Johnsons Buch *Wein genießen*. Ihren Hund »Brunello« zu nennen, finden Sie irgendwie witzig, aber die Namen für Ihre Kinder haben Sie im »Duden-Namenslexikon« gefunden.

100–120 Punkte

Kein Zweifel, Sie sind ein Weinsnob wie er im (vorliegenden) Buche steht! Ihr bescheidenes Eigenheim nennen Sie liebevoll »mein kleines Château«, und Ihr Keller ist – seitdem die Waschmaschine in die Küche übersiedeln musste – berstend voll mit Weinflaschen aus aller Herren Länder. Die Couch in Ihrem Wohnzimmer ist champagnerfarben, Ihr Wagen bordeauxrot, und Ihre Schlafzimmervorhänge sind flaschengrün. Misstrauisch beobachten Sie jeden Abend vor dem Fernseher die Großwetterlage über Frankreich sowie täglich hinter dem Küchenfenster Ihre Nachbarn, um zu wissen, was für Weine die schon wieder nach Hause schleppen. Freunde besuchen Sie schon lange nicht mehr, denn da müssten Sie ja einen Wein aus Ihrer mühsam aufgebauten Kollektion reißen, der Ihnen irgendwann einmal abgehen könnte. Bei Weinverkostungen begeistern Sie die anderen Anwesenden durch Ihr enormes Wissen, Ihre Fähigkeit, aus großer Distanz zielsicher in die Mitte des Spuckkübels zu treffen, sowie die Nonchalance, mit der Ihnen französische Worte wie »dégorgé«, »négociant« oder »premier tranche« über die Lippen kommen. Manchmal träumen Sie in der Nacht davon, dass dereinst eine neu gezüchtete Rebsorte nach Ihnen benannt werden wird.

Der Anti-Weinsnob-Weinsnob

Ein Kapitel zu Ehrenrettung des Weinfreundes oder:
wie man alles verkehrt machen und doch ein richtiger
Weinsnob sein kann

»Ich habe mich bis ins hohe Alter bester Gesundheit erfreut,
weil ich, solange ich denken kann, täglich eine Flasche
Wein getrunken habe, außer ich habe mich nicht wohl
gefühlt. Dann habe ich zwei Flaschen getrunken.«
EIN BISCHOF VON SEVILLA

Mein Freund Christoph ist das schiere Gegenteil von
einem Weinsnob. Lassen wir ihn eingangs selbst zu Wort
kommen, und Sie werden verstehen, was ich meine.
»Ich lege Wert auf die Feststellung, dass ich ein Wein-
freund bin und nicht etwa ein Weinkenner. Ein Kenner
will ich schon allein deshalb nicht sein, weil mir das viel zu
anstrengend wäre. Überall wo ich hinkäme, setzte man
mir zwei, drei Gläser eines Weines völlig unbekannter
Provenienz vor, und ich müsste schnüffeln und schnüffeln
und schnüffeln; dann müsste ich noch gurgeln und gur-
geln und gurgeln. Und selbst wenn ich das alles geschafft
hätte, müsste ich auch noch erraten, von wo der Wein her
ist. Als Weinfreund darf ich hingegen einfach zum
Kellner sagen: Es werde ein Brunello. Und schon ist er
da.
Als Kenner müsste ich überdies noch meine weiß Gott
bescheidenen Kenntnisse im schlimmsten Angstfach
meiner an Fürchterlichkeiten so reichen Schulzeit auf-
möbeln, nämlich jene auf dem Gebiet der Chemie.
Säureabbau, biogene Amine, Apfel-, Bernstein- und
Schleim (jawohl, Schleim!)säure, Oxidation, Glyzerin –

zu all diesen Erinnerungen an meine schlaflosen Schüler-
nächte müsste mir als Kenner etwas Erhellendes einfallen.
Als Weinfreund brauche ich bloß zu trinken. Und wenn
ich zu nachtschlafener Stunde wieder einmal einen Böck-
ser für einen Korken halte, so kann ich mich nicht einmal
blamieren. Ich behalte meinen Zwiespalt einfach für mich
und sage: Der schmeckt mir nicht, oder vielleicht sogar:
Der ist kaputt. Mehr will man vom Weinfreund nicht
wissen. Schließlich ist er ja kein Kenner.
Außerdem kann ich es mir als Weinfreund auch leisten,
Ribiselsaft zu trinken, wenn mir der Gusto einmal da-
nach steht, und ich muss die Johannisbeere nicht mühsam
aus einem Cabernet Sauvignon herausschniefen. Steht
mir der Sinn nach Paprika, greife ich zu gefülltem und
keineswegs zu Sauvignon blanc. Und wenn ich an einem
heißen Sommertag zur Forelle ein Schlückchen eiskalten
Rotwein trinken will, so tue ich es, ohne dabei schamrot
zu werden. Ich bin ja nur ein Weinfreund und gottlob
kein Kenner.
Die Weinfreundlichkeit – ich muss es gestehen – ist gegen-
über der Weinkennerschaft ein wesentlicher Beitrag zur
individuellen Lebensqualität. Ich kann bei Verkostungen
lauthals lachen und blöde Witze machen, während die
Kenner betreten schweigen müssen. Ich muss mir zu sieben
Gängen nicht sieben Weine, die ich allesamt nicht mag,
kredenzen lassen, sondern kann ohne viel Federlesen mein
Lieblingströpferl bestellen, ob's nun dazu passt oder nicht,
und wenn die Stimmung gut ist, vom selben vielleicht noch
eine Bouteille.«

Nach diesem etwas ausführlicher ausgefallenen Zitat
wird wohl jedermann klar sein, dass mit Christoph als
Weinsnob nicht viel Staat zu machen ist. Andererseits
hat er es mit seinem plakativen Verzicht auf Kennerschaft und Snob-Status während der letzten Jahre ge-

schafft, sich an unendlich vielen öden Weinverkostungen vorbeizuschwindeln und zahlreiche Termine, die von den Kennern als »Pflicht« angesehen wurden, einfach schnöde zu ignorieren. Einen Teil seiner önophilen Verantwortung – bitte das nicht als Vorwurf zu verstehen, denn es ehrt mich ungemein – hat er listig auf mich abgewälzt, und so wird er nicht müde, wo immer wir gemeinsam auftauchen, stolz zu erklären: »Ich reise mit eigenem ›Weinpapst‹ – ein Luxus, den sich nicht jeder leisten kann.« Womit er in der Tat Recht hat. Der Luxus besteht für ihn nämlich darin, dass er sich mit führenden Winzern und Spitzengastronomen entspannt in umgänglichem Plauderton unterhalten und dabei ab und zu ein Schlückchen von deren bestem Wein trinken kann, während ich konzentriert Verkostungsnotizen ersinnen oder schwitzend 14 Blindproben auf Anhieb erkennen soll. Eine kleine Mühe, die ich gerne in Kauf nehme, denn ich verdanke Christoph neben unzähligen köstlichen Weinen, die wir gemeinsam getrunken haben, auch eine Vielzahl an Tipps und Anregungen (sowie obenstehendes Zitat!), die meinen Werdegang in der Welt des Weines entscheidend beeinflusst haben. Nicht nur, dass er mich bereits bei meiner durch ihn initiierten »Weintaufe« mit den zwei obersten Geboten des Weinverkosters vertraut gemacht hat (*1. Gebot: Du sollst Dich nicht täuschen!*, *2. Gebot: Wenn Du einmal Wein im Gegenwert von mehr als 70.000 Euro getrunken hast, kannst Du anfangen, mitzureden.*), scheute er auch in den darauf folgenden Jahren weder Kosten noch Mühen, um mir jene letzte und höchste Weinweisheit begreiflich zu machen, die da lautet: »Man kann gegen alle Regeln verstoßen – aber nur, wenn man einmal alle Regeln kennt«. Bis ich jedoch zu dieser Erkenntnis vorgedrungen war, bedurfte es zahlreicher Exempel und Experimente mitunter haarsträubender Natur, aber wie gesagt: Wenn es um meine Ausbildung ging, brachte Christoph so manches Opfer, selbstlos und ohne Rücksichtnahme auf seinen eigenen guten Ruf.

Ich hielt es damals für ein einzigartiges Ereignis. Wir hatten bei einem Wiener Heurigen Christophs vierzigsten Geburtstag gefeiert, und unser Freund Rudi lud uns anschließend noch in den »Altwienerhof« ein. Zu später, sehr später Stunde hatten wir noch einmal Appetit, doch die Küche war längst kalt. So eilte Rudi rasch zum nächstgelegenen Würstelstand und kredenzte uns in seinem Gourmettempel alsbald eine »Haaße« (heiße Wurst auf wienerisch, Anm. d. Autors) und dazu: Bordeaux! Auch wenn das, der reinen Lehre folgend, wahrhaftig alles andere als eine vorschriftsmäßige Wein-Speisen-Kombination darstellt, muss ich gestehen: Beides mundete köstlich. Als wir kürzlich in Reminiszenzen schwelgten und auf diesen Abend zu sprechen kamen, erklärte mir Christoph, dass solche abenteuerlichen Zusammenstellungen für ihn gar nicht so ungewöhnlich seien. Während es zu einer Bresse-Taube mitunter ein einfacher Zweigelt tun müsse, weil er eben gerade griffbereit sei, würde in seinem Hause mitunter ein schlichtes Gericht wie ein Blunzengröstl durch einen reifen Chambertin zum Festessen geadelt.

Ein andermal hatten wir an einem heißen Sommertag wichtige Dinge zu besprechen und trafen uns zu diesem Zweck in Christophs Büro. Da man nicht ständig von Wein reden und dabei Wasser trinken kann, leerten wir – wie gesagt, es war ein sehr heißer Tag – rasch zwei, drei Fläschchen vom Veltliner und vom Riesling. Da die Arbeit gut vorangegangen, die Stimmung gehoben und der Durst noch immer beachtlich war, stand uns nun der Sinn nach Größerem. Allein: Der Kühlschrank gähnte vor Leere. So stiegen wir also in den Keller hinab und fanden dort eine Flasche Puligny Montrachet 1985 »Les Referts« von Louis Jadot. Die Versuchung, diesen edlen Tropfen zu köpfen, war groß, doch musste ich schweren Herzens einwenden, dass der Wein viel zu warm sei, um sofort getrunken zu werden. »Das werden wir gleich haben«, verkündete Christoph zuversichtlich, verschwand in der Küche, und »klack, klack« plumpsten zwei Eiswürfel in die vorbereiteten Riedelgläser. Problem gelöst! Ich gebe zu, eine drastische Maßnahme, die ich keinem Weinnovizen ans Herz legen möchte; die Folge wäre eine allgemeine Rückkehr zur Barbarei. Aber wie heißt es so schön: Not macht erfinderisch, und ich kann Ihnen versichern, dass ein Puligny Montrachet von Jadot mit Eiswürfeln trotz des harschen Verstoßes gegen die Etikette ungleich besser mundet als ein perfekt gekühlter Weißburgunder aus Großriedenthal.

Glauben Sie jetzt aber nicht, dass Sie es uns einfach nachtun können, niemand hätte dafür Verständnis; es sei denn, Sie hätten bereits ein paar tausend Weine nach allen Regeln der Kunst – die Sie sich vorher eingeprägt haben – mit der richtigen Temperatur im richtigen Glas beim richtigen Licht und zum richtigen Zeitpunkt degustiert und darüber auch sorgfältig Buch geführt. Sie verstehen, worauf ich hinaus will? Wenn sich jemand nicht an Regeln hält, weil er sie nicht kennt, dann ist das peinlich. Wenn sich aber ein Meister seines Fachs in voller Kenntnis sämtlicher Vorschriften über diese hinwegsetzt, so nennt man das Improvisation oder schlicht: Narrenfreiheit.

Noch ein Beispiel. Wir saßen am bereits bekannten Schauplatz – Christophs Büro – und degustierten gemeinsam mit dem steirischen Edelbrenner Alois Gölles, dessen Liebe zum Feurigen sich vom Schnaps bis zu großen Havannas ausdehnt, Zigarren und Spirituosen. Eine Flasche Château Cheval Blanc 1985 hatte unser Gastgeber bereits vorher dekantiert. Da im Anschluss ein Essen im nicht weit entfernten »Altwienerhof« – auch dies war ein immer wiederkehrender Schauplatz unserer kulinarischen und önophilen Abenteuer – geplant war, beschlossen wir kurzerhand, den bereits in die Karaffe gefüllten Wein dorthin mitzunehmen. So marschierte also eine den Heiligen Drei Königen nicht unähnliche Delegation durch die nachtdunkle Herklotzgasse, in Händen weder Weihrauch noch Myrrhe, doch immerhin ein wahres Goldtröpferl, mit dem wir unseren Freund und Mentor Rudi Kellner auf die Probe stellen (oder sagen wir es gleich offen: aufs Glatteis führen) wollten. Es sollte unsere finstere Rache für zahllose Niederlagen werden (die wenigen Triumphe wollen wir hier einmal außer Acht lassen), die uns der Patron dieser Stätte höchster Ess- und Trinkkultur beigebracht hatte, indem er uns wieder einmal listig australischen Cabernet, der wie kalifornischer Merlot schmeckte, oder toskanischen Sangiovese mit eindeutigem Bordeauxcharakter eingeschenkt hatte. Das psychologische Moment – und damit kommen wir zum Kern der Sache – war eindeutig auf unserer Seite. Denn kein Mensch schleppt eine Karaffe Cheval blanc auf der Straße herum, um sie jemandem zur Verkostung zu reichen; kein Mensch außer Christoph. So war Rudi denn, um die Geschichte zu Ende zu erzählen, von vornherein ohne echte Chance, legte sich auf einen kleinen

Bordeaux eines mittleren Jahrgangs fest, wurde von uns aufgeklärt und feierlich begnadigt, ehe wir mit großer Freude gemeinsam diesen köstlichen Tropfen leerten.

Nach all diesen Schilderungen müssen Sie meinen Freund Christoph nun wohl für einen Unhold in Sachen Wein, aber zumindest für alles andere als einen Weinsnob halten. Und er selbst tut alles nur Erdenkliche, um dieses Bild seiner selbst in der Öffentlichkeit aufrechtzuerhalten, indem er etwa hartnäckig auf ein »Wagner-Glas« (mindestens zur Hälfte gefüllt, Anm. d. Autors) insistiert, wenn ihm wieder einmal ein übertrainierter Sommelier einen Abend lang »Kostschlückchen« aus ein und derselben Flasche kredenzen will.

Ich als sein langjähriger Weggefährte muss dieses Bild freilich relativieren, denn Christoph weiß über die Weine dieser Welt weit mehr als die meisten »Weinkenner«, »Weinfreaks« und, ich muss es zugeben, auch »Weinsnobs« – und vor allem: Er hat sie getrunken. Während sich andere noch mit Erwägungen über den Jahrgang, den biologischen Säureab- oder Barriqueausbau, die Anzahl der Sonnenstunden und die Niederschlagsmengen abplagen, hat er die Flasche längst aufgerissen und schwelgt bereits in vollen Zügen. Er hat zum Genuss im Allgemeinen und zum Wein im Besonderen einen derart selbstverständlichen und unverbildeten Zugang, dass ich ihn – wüsste ich nicht genau, dass er in Linz an der Donau geboren wurde – glatt für einen waschechten Franzosen halten müsste. Für ihn ist es oft nur eine Frage der Tagesform und nicht das Ergebnis langwieriger und komplizierter Erwägungen hinsichtlich der Angemessenheit des Anlasses, ob ein einfacher Blaufränker oder ein großer Latour auf dem Altar des Bacchus geopfert wird, und beide

Weine bereiten ihm auf ihre Weise Genuss und Vergnügen. Und wenn ich all dies erwäge, so beschleicht mich der leise Verdacht, dass Christoph, der Prototyp des Anti-Weinsnobs, vielleicht insgeheim der größte aller Weinsnobs ist.

GLOSSAR

Das Brevier des Weinsnobs

Was man als Weinsnob alles wissen sollte

Ich habe es bereits eingangs erwähnt, und ich gehe davon aus, dass es Ihnen, lieber Leser, geschätzte Leserin, an dieser Stelle des Buches längst klar geworden ist, dass es sich hier nicht um ein Werk handelt, das Fach- und Sachwissen im engeren Sinn vermittelt. Andererseits gibt es doch eine Reihe von Informationen und Fakten oder einfach nur Anekdoten und Schnurren, die der perfekte Weinsnob stets griffbereit haben sollte, ohne vorher den *Großen Johnson* oder den dicken *Parker* durchstudiert zu haben. Natürlich sind auch solche Bücher wichtige Bestandteile einer gut sortierten Weinbibliothek, und ich habe mir daher erlaubt, Ihnen im Kapitel »Parker sagt …« einige meiner Buch-Favorits zu empfehlen. Darüber hinaus finden Sie aber in dem nun folgenden »Weinsnob-Brevier« all das, was ein Weinsnob wissen sollte, in komprimierter und daher leicht zu merkender (oder nachzuschlagender) Form präsentiert.

Das Urteil des Weinsnobs

Streitfragen rund um den Wein – und was der Weinsnob davon hält

Je höher Sie im internen Ranking der Weinsnob-Gemeinde aufsteigen und je weiter sich Ihr Expertenstatus herumspricht, umso öfter wird man Sie um Ihre Meinung zu bestimmten Weinthemen befragen, die Gegenstand der allgemeinen Diskussion oder auch nur des gepflegten Small-Talks sind. Jetzt liegt es natürlich in der Natur der Sache, dass man sich nicht auf jedem Gebiet wirklich auskennen kann, doch als Weinsnob sollte man sich das auf keinen Fall anmerken lassen. Sind Sie also einmal echt überfragt oder haben zu einem Thema schlicht und ergreifend keine Meinung, so können Sie immer noch mit der Abwandlung eines klassischen Zitats von Karl Kraus kontern (er antwortete auf die Frage, was er denn von Adolf Hitler halte, lapidar: »Zu Hitler fällt mir nichts ein.«) und sagen: »Zu diesem Thema fällt mir nichts ein.« Damit geben Sie indirekt zu verstehen, dass diese Frage viel zu unbedeutend ist, als dass Sie Ihre wertvolle Zeit mit deren Erörterung vergeuden würden. Damit Sie aber erst gar nicht diese Notbremse ziehen müssen, habe ich im folgenden einige dieser Wein-Schlüsselthemen einer kurzen Betrachtung unterzogen, mit deren Hilfe Sie für die wichtigsten Streit- oder Geschmacksfragen gewappnet sein sollten.

Naturkork oder Kronenkork?

Vor einiger Zeit erzählte mir Christine Saahs vom bekannten Weingut Nikolaihof in Mautern/Wachau von einer interessanten Entdeckung. Ihr Mann, Nikolaus Saahs, hatte von einem Riesling aus den 70er Jahren etliche Halbflaschen zu Verkostungszwecken abgefüllt und diese mit Kronenkorken verschlossen. Vor kurzem wurden bei einem Anlass einige dieser Flaschen geöffnet, und die Weine präsentierten sich geradezu unglaublich frisch.

Gerne habe ich das nicht gehört. Zu meinem Trost berichtete der ebenfalls anwesende Weinguru Walter Kutscher von einem Versuch der schweizerischen Weinforschungsanstalt in Wädenswil. Demnach zeigte sich, dass Flaschen, die mit Kronenkorken verschlossen wurden, über einen Zeitraum von rund 15 Jahren wesentlich langsamer altern als jene mit echten Korken. Dann tritt dafür ein spürbar beschleunigter Alterungsprozess ein.

Sollten Kronenkorken oder gar Plastikschraubverschlüsse tatsächlich besser sein als der gute alte Korken? In einem Punkt sind sie es ganz sicher: Korkgeschmack, der immer wieder so manchen schönen – und teuren – Tropfen ruiniert, ist damit völlig ausgeschlossen. Andererseits nimmt man an, dass der Wein in der Flasche atmen, sich entwickeln, kurz: weiterleben soll. Schließlich geht es ja dem Weinliebhaber gar nicht darum, einen Wein nach, sagen wir, zehn Jahren Flaschenlagerung in genau demselben Zustand wieder anzutreffen, in dem er ihn zuletzt verkostet hat. Im Gegenteil. Das Interessante und Spannende an der Sache ist ja die Frage, wie es dem Wein denn nun ergangen ist, und natürlich die Hoffnung, dass er reifer und besser geworden ist.

Und schließlich, um endgültig in den irrationalen Bereich abzugleiten: das Öffnen. Allein die Vorstellung, dass der Sommelier in einem feinen Restaurant mit einer eleganten Handbewegung den Kapselheber aus der Jackentasche zieht und mit dem Mineralwasser auch gleich den Latour öffnet, ist – gelinde gesagt – grauenerregend. Wie viel schöner ist es doch, gerade bei alten Weinen, das Öffnen der Flasche langsam zu zelebrieren, sich allmählich an die oft bereits recht bröselige Materie heranzutasten und dann schließlich mit einem leisen, wohlvertrauten »Plopp« den flüssigen Schatz in der Flasche freizulegen …

Man sagt, das Bessere sei der Feind des Guten. Aber selbst wenn sich andere Flaschenverschlüsse dem Korken tatsächlich einmal als überlegen erweisen sollten, ist mir in diesem Falle das Gute noch allemal lieber.

Barrique ja oder nein?

Zugegeben, es handelt sich dabei um ein regionales Problem, denn in Bordeaux oder Burgund würde man sich über eine solche Fragestellung nur wundern. Ganz selbstverständlich werden alle Weine, die einigermaßen etwas darstellen sollen, im Barrique ausgebaut, und die einzige Frage, die sich stellt, ist, wie hoch der Anteil an neuen oder gebrauchten Fässern sein soll.

Ganz anders etwa in Österreich. Diskutierte man noch vor 15 Jahren heftig darüber, ob Rotweine ins Barrique kommen sollten, so wiederholte sich dasselbe in den 90er Jahren mit den Weißweinen. Insbesondere als plötzlich mächtige, hochreife Grüne Veltliner mit deutlichen Holztönen auf den Markt kamen, ging es wie ein Aufschrei durch die Reihen des konservativen Lagers. Ein Veltliner hatte doch leicht zu sein, fruchtig und fröhlich … und dann das!

Was ist überhaupt Barrique? Es ist jedenfalls entgegen der – besonders in den frühen Jahren, die in Österreich noch nicht allzu lange zurückliegen – oft gepflegten Annahme keine Rebsorte. Das wussten Sie nicht? Es enttäuscht Sie, weil man Ihnen Barriqueweine verkauft hat? Na ja, sehen Sie, es klingt gut und es macht den Wein auf eine mysteriöse Art und Weise teuer, was manchmal zu Recht, manchmal zu Unrecht mit hochwertig gleichgesetzt wird. Die meisten von Ihnen, liebe angehende Weinsnobs, wissen es natürlich. Barrique ist das kleine, meistens neue Eichenholzfass, 225 Liter in der Regel, und man kann Weine darin vergären lassen oder sie erst nach der Gärung mehr oder weniger lange darin ausbauen.

Für den Winzer ist dabei entscheidend, ob sich ein Wein für den Ausbau im Barrique überhaupt eignet. Prädestiniert sind dichte, reife, kraftvolle Weine, wie Pinot blanc, Chardonnay und eben auch manche Veltliner, Cabernet Sauvignon, Blaufränkische und mit Abstrichen auch Pinot noir. Ob der Winzer die richtige Entscheidung getroffen hat, zeigt letztendlich der fertige Wein.

Für den Konsumenten stellen sich zwei andere Fragen: Ist ihm der Wein – oder das Barriquefass des Winzers – den höheren Preis wert, der durch diese Ausbaumethode verursacht wird? Und nicht zuletzt: Schmeckt ihm der Barriquewein besser oder der klassische? Das sollte nämlich das einzige Entscheidungskriterium beim Kauf sein.

Schnüffeln am Kork?
Wer kennt nicht das Zeremoniell, das in jedem besseren Restaurant längst zur Pflichtübung geworden ist:

Der Sommelier kredenzt, noch bevor er den Wein ein-
schenkt, erst einmal den Korken – fein säuberlich auf
ein Tellerchen drapiert. Fein. Aber was tun damit? Kor-
rekterweise mustern Sie das unansehnliche Ding erst
einmal scharf von allen Seiten, riechen dann ausgiebig
daran, setzen Ihr finsterstes Pokerface auf und nicken
irgendwie unbestimmt, was alles und nichts bedeuten
kann. Mit dem »Korkschnüffeln« ist das nämlich so eine
Sache. Gedacht ist das Ritual dafür, dass man fehlerhaf-
te Weine bereits durch einen entsprechenden Korkgeruch erkennen sollte. Das ist aber ein ziemlich gewag-
tes Unterfangen, denn oft verbergen sich hinter den
traurigsten, übelriechendsten Korken wahrhaft große
Weine, während es mitunter die Aufgabe eines makel-
losen 6-Zentimeter-Korks war, den Wein während der
Lagerung mit einem kräftigen Korkgeschmack anzurei-
chern. Kurzum, es ist kein rechter Verlass auf diese Be-
urteilungsmethode. Das bedeutet für den Weinsnob
aber nicht, dass er den Korken zurückschicken oder un-
beachtet auf dem Teller liegen lassen darf, womit er sich
unzweifelhaft eine Blöße gäbe. Also heißt es, das Spiel
mitspielen, schauen, schnüffeln, indifferent nicken. Welche Bedeutung einem solchen Ritual zukommt, unter-
streicht eine einschlägige Passage aus Isabel Allendes
Buch *Aphrodite – Eine Feier der Sinne*: »In den teuren
Restaurants rieche ich am Korken, kaue den ersten
Schluck mit dem Ausdruck tiefster Konzentration und
schicke dann die Flasche, unter dem Vorwand, eine gewisse Säure geschmeckt zu haben, zurück – das beeindruckt den Ober und sichert mir einigen Respekt.«

Starker Wein durch kleine Tricks?

Ich will Ihnen, angehender Weinsnob, durch unseren kleinen Ausflug ins Chemielabor weiß Gott nicht den Gusto aufs Weintrinken verderben; aber Sie sollen später auch nicht sagen können, ich hätte Sie nicht gewarnt.

Zwei Präambeln: Erstens ist Wein heute unter anderem deshalb so beliebt, weil ein zweiter Trend dem Weinboom sehr entgegenkommt: die Sehnsucht nach möglichst naturbelassenen Produkten. Zweitens hat uns die Geschichte gelehrt, dass der Mensch alles, was technisch machbar ist, auch tatsächlich zur Anwendung bringt.

Ganz ehrlich: Wollen Sie einen Rotwein trinken, der seine tolle Konzentration einer hübschen, kleinen Umkehrosmose verdankt …?

Nachdem es dem lieben Gott offenbar so gefällt, gibt es – besonders in der Alten Welt – gravierende Unterschiede zwischen den Weinjahrgängen. Das ist gut so, weil natürlich, und überdies auch viel spannender, weil jedes Jahr gleich schmecken ja schon das Bier, der Orangensaft und die Zahnpasta. Während der letzten Jahre haben jedoch findige Kellereitechniker mehrere Verfahren entwickelt, wie man diesem Jammer ein Ende bereiten und aus an sich kleinen Weinen plötzlich extraktreiche Tanninhämmer »basteln« kann.

Durch teilweise sehr aufwendige Verfahren, wie das Eindampfen des Traubenmostes unter Vakuum oder die sogenannte »Umkehrosmose«, wird dabei eine »Aufkonzentration« herbeigeführt, die aus schwachbrüstigen Rabiatperlen plötzlich dicke »Weinsuppen« machen soll. Das funktioniert auch und wird in Frankreich und Italien bereits eifrig geübt. Tatsächlich weisen solcherart behandelte Moste einen weit höheren zuckerfreien Extrakt auf als das Ausgangsmaterial; die Weine selbst wirken dicht und konzentriert, sind tiefdunkel in der Farbe, tanninreich und hart.

Ob auf diese Weise ein großer, sprich: in sich stimmiger, Wein entsteht, der neben schierer Kraft auch Eleganz, Harmonie und Ausgewogenheit besitzt, muss freilich bezweifelt werden. Und ob diese Weine, die ja keine natürlich hohe physiologische Reife besitzen, tatsächlich jenes Alterungspotential aufweisen, das sie in der Jugend andeuten – oder eben nur vorspiegeln –, bleibt ebenfalls erst abzuwarten. Tatsache ist, dass Spitzenweine aus Bordeaux bereits mit solchen Verfahren behandelt werden und auf dem Markt Rekordpreise erzielen. Da laut derzeit gültigem EU-Recht keine Deklarationspflicht auf den Etiketten besteht, blüht diese Entwicklung freilich bis dato eher im Geheimen.

Was also soll man von dieser Angelegenheit halten? Ich fürchte, ich muss mich in diesem Punkt als Feind des »Fortschritts« outen, denn »eingekocht« gehört für mich höchstens Marmelade.

Mouton oder Lafite?

Zugegeben, es handelt sich hier um eine Frage, deren Erörterung ein Hauch von Dekadenz anhaftet, zumal das Gros der Weintrinker dieser Welt weder den einen noch den anderen Wein jemals im Glase haben wird. Andererseits gibt es jedoch auch Menschen, denen dieses Vergnügen des öfteren zuteil wird, und selbst wenn der Weinsnob durch unglückliche Umstände nicht zu diesen Auserwählten zählen mag, so sollte er sich doch ein Urteil über diese in gewissen Kreisen essenzielle Frage bilden. Obwohl diese beiden Châteaux und ihre

Weingärten nördlich von Pauillac Seite an Seite liegen, könnten ihre Weine unterschiedlicher nicht sein. Der Mouton, der durch den lebenslangen Einsatz einer der bedeutendsten Weinpersönlichkeiten der Welt, des Barons Philippe Rothschild, im Jahr 1973 in den Status eines Premier Cru erhoben wurde (die bis heute einzige Änderung in der Médoc-Klassifizierung von 1855), ist in guten Jahrgängen ein mächtiger, opulenter Wein von großer Statur, mit kräftigen Kaffee- und Röstaromen, Schwarze-Johannisbeer-Noten und gedeckter, fast schwarzer Farbe. Der Lafite, der bereits im 18. Jahrhundert einen großen Namen hatte und wohl insgesamt als der berühmteste Bordeaux gelten darf, weist eine ganz andere Stilistik auf. Finesse, im Idealfall stupende, vielschichtige Fruchtigkeit und drahtige Eleganz kennzeichnen seinen Charakter, und in der Farbe ist er meist der hellste aller großen Bordeauxweine. Beiden Weinen gemeinsam ist, dass sie mitunter zu den allergrößten Tropfen der Welt zählen (Lafite 1959 oder 1986, Mouton 1945, 1947, 1982 oder 1986), in manchen Jahren (Lafite vor allem zwischen 1960 und 1975, Mouton 1954, 1956, 1972 oder 1974) aber die Würde eines Premier Cru zweifellos nicht verdienen. Auch was die hohen Preise angeht, schenken sich die beiden Rothschild-Weingüter wenig. Was also bestellen? Die einen werden es von der persönlichen geschmacklichen Vorliebe abhängig machen, die anderen von den verfügbaren Jahrgängen. Für den Weinsnob käme freilich noch ein drittes Kriterium in Frage: das Etikett, das bei Lafite ganz klassisch gehalten ist, bei Mouton hingegen jedes Jahr von einem anderen bekannten Künstler gestaltet wird.

Burgund oder Bordeaux?

Praktisch jeder Weinsnob, -kenner oder -experte, der ein bisschen was auf sich hält, muss sich bezüglich der essenziellen Frage, ob er Weine aus Burgund oder aus Bordeaux trinke, irgendwann outen. Und das, obwohl die Fragestellung im Grunde genommen dumm ist, denn wer will schon einen mediokren Bordeaux trinken, wenn er einen Spitzenburgunder haben kann, oder umgekehrt? Kurzum: Es geht, zumindest nach meiner Ansicht, mehr um die Qualität des Weines als um dessen Herkunft. Dennoch gibt es genügend Weinfreaks, die sich auf eine der beiden Regionen eingeschworen und damit auch eingetrunken haben. Es ist zweifellos müßig, die Frage zu diskutieren, welches die größeren Weine seien, denn ein ganz großer Burgunder und ein Spitzenbordeaux spielen in derselben Liga. Dennoch sind diese beiden Weintypen an sich so unterschiedlich wie Tag und Nacht. Ich sage an sich, weil es in den letzten Jahren eine Tendenz gibt, die sie wesentlich näher zueinander führt. Während man in Bordeaux versucht, die Weine weicher, geschmeidiger und früher trinkreif zu machen, erhöht man in Burgund die Barriquedosierung, verlängert die Maischestandzeiten und versucht, durch eine Vielzahl an weiteren Maßnahmen den Weinen mehr Kraft, Dichte, Farbe, Struktur und Stehvermögen zu geben. Im Prinzip eine lobenswerte Entwicklung, denn eines ist klar: Nichts ist leichter, als in Burgund schlechte Weine zu trinken, und wenn man etwas wirklich Erfreuliches im Glas haben will, muss man durchwegs tief in die Tasche greifen. In Bordeaux hingegen findet man trotz der Preis-Hausse der letzten Jahre unter den Crus Bourgeois und den nicht qualifizierten Weinen immer wieder exzellente Tropfen zu vernünftigen Preisen, und echte Niederlagen passieren an der Gironde weit seltener als an der Côte d'Or. Womit wir dem Bordeaux das Attribut »beständig« zuerkennen können, während der Burgunder immer wieder seinem Ruf gerecht wird, eine launische Diva zu sein. Damit wären wir auch bereits beim nächsten Bild: Bordeaux ist männlich, Burgund weiblich. Bordeaux ist hart und kantig, Burgund rund und weich, was sich – ob nun durch Absicht oder Zufall – bereits in der Flaschenform ausdrückt. Burgund ist charmant, Bordeaux imposant. Natürlich sind das alles Klischees, die sich aber durchaus in den Weinen aus der jeweiligen Region widerspiegeln. So bleibt es wohl dem jeweils individuellen Geschmack überlassen, wofür man sich entscheidet. Als ich während der Sommelierweltmeisterschaft in Japan in einem Hotelrestaurant in Tokio zu Abend aß, saß ein japanischer Gast allein am Nebentisch, der dieses knifflige Problem auf seine Weise löste. Zuerst bestellte er eine Flasche weißen Burgunder, dann einen roten Bordeaux. Er leerte sie beide und machte danach

auf mich den Eindruck eines zufriedenen Menschen. Ich hingegen halte mich an die Devise eines deutschen Weinjournalisten, mit dem ich zuweilen unterwegs war und der stets, wenn er zwischen zwei durchaus angenehmen Möglichkeiten wählen sollte, gemeint hatte: »Ich denke, da sollten wir doch das eine tun und das andere nicht lassen!«

Sind Weine eine Wertanlage?
In den Jahren 1996, 1997 und 1998 erlebten Bordeauxweine auf dem Weltmarkt eine extreme Steigerung der Nachfrage und damit auch der Preise, die ins Uferlose zu explodieren schienen. Bald wurden Stimmen laut, man solle doch Bordeauxweine – so wie Schweinehälften oder Orangensaftkonzentrat – an der Börse handeln. Schon drängten sich skrupellose Spekulanten, die persönlich ein Mixgetränk aus Red Bull und Cola einem 61er Margaux vorziehen, in den Weinhandel, ein Geschäft, das seit jeher mit den Worten Tradition und Seriosität verbunden ist.

Doch was hatte das mit uns kleinen Weintrinkern zu tun? Wir sahen, dass eine Kiste Bordeaux, die wir vor drei, vier Jahren im Keller gelagert hatten, plötzlich das Fünffache wert war, und begannen zu rechnen: Könnte man da nicht Wein kaufen, weglegen, nach einiger Zeit wieder verkaufen, einen tollen Schnitt machen …?

Unter Umständen könnte man wohl, doch sollte man stets einige Dinge bedenken, ehe man seine Sparbücher auflöst und eine Einfachfahrkarte nach Bordeaux kauft. Wie jedes andere Spekulations- oder Börsengeschäft erfordert auch der Handel mit Weinen eine fundierte Kenntnis der Branche, wenn man davon profitieren will. Dazu muss man sich intensiv mit der Materie beschäftigen und viel Zeit investieren, um die aktuellsten Preisentwicklungen stets akkurat mitverfolgen zu können. Weiters ist – wie immer – die Voraussetzung, um Geld verdienen zu können, dass man bereits welches hat. Weine mit Bankkrediten zu kaufen kann ins Auge gehen, insbesondere dann, wenn plötzlich wieder einige Topjahrgänge in Serie kommen, sich das Verhältnis von Angebot und Nachfrage ändert und die Preise stagnieren oder gar fallen. So bereits geschehen mit dem 98er-Jahrgang. Nachdem beim 97er die weltweite Hausse bei mittelmäßiger Qualität noch für einige Zeit künstlich am Leben erhalten worden war, blieben viele Händler dann teilweise auf ihren Weinen sitzen. Die Folge: Der weitaus höher einzuschätzende 98er wurde bereits in der Subskription günstiger angeboten als vormals der 97er.

Noch etwas: Ein Weinfreak ist zweifellos der ungeeignetste Mensch für das Spekulieren mit Wein, hängt er doch emotional an jeder einzelnen Flasche, die er jemals in seinen Besitz gebracht hat. Gute Börsenspekulanten hingegen sollten tunlichst kein Interesse an der zu handelnden Ware, sondern ausschließlich am Gewinn haben. Und Weinsnobs? Nun, böse Zungen behaupten ja, sie würden überhaupt nur Weine kaufen, um dann über sie zu reden.

Wind & Wetter
Besonderheiten aus sechs Jahrzehnten Bordeaux

»Der Juni bringt die Menge, der September die Qualität.
Und der August macht die Art.«
(WEISHEIT DER BORDEAUX-WINZER)

Am Anfang dieses Buches habe ich versprochen, Sie nicht mit öden Jahrgangstabellen zu nerven, zumal es derlei auch in hundert anderen Weinbüchern, im Internet und weiß der Kuckuck noch wo zu finden gibt. Es ist auch weder eine brandheiße Neuigkeit, noch Ihrem Image als Weinsnob zuträglich, wenn Sie rezitieren, dass der 1961er in Bordeaux ein Jahrhundertjahrgang war, wo das doch seit vier Jahrzehnten die Spatzen von den Dächern pfeifen. Es kann also für den Weinsnob in spe nur darum gehen, eventuelle Besonderheiten, ungewöhnliche Vorkommnisse und Ausnahmefälle der einzelnen Jahrgänge zu memorieren, um dieses Wissen gegebenenfalls gezielt einsetzen zu können und andere damit zu verblüffen. Sagt etwa einer »1980 war ein trauriges Jahr«, kontern Sie mit »aber nicht für die Süßweine aus Sauternes«. Naseweist jemand, dass das Jahr 1969 eine totale Katastrophe war, belehren Sie ihn mit den Worten »mit Ausnahme von Pétrus und Fieuzal« eines Besseren. Lobpreist ein Weinfreak den großen 1990er, so tadeln Sie, dass Mouton wohl doch eindeutig hinter den Erwartungen zurückgeblieben sei. Merken Sie sich also die folgenden Jahrgangsbesonderheiten – und Sie werden sehr oft nicht nur das letzte Wort, sondern natürlich auch Recht haben.

2002 Der Jahrgang 2002 war auch in Bordeaux vor allem vom Regen geprägt, der die Weinbaugebiete in weiten Teilen Europas heimgesucht hat. Ein trockener und sonniger September konnte dann doch noch das Schlimmste verhindern, für einen wirklich guten Jahrgang kam der Wetterumschwung jedoch zu spät. Man wird sehen – und kosten!

2001 Nach dem Jubel über den 2000er wollte vom Folgejahrgang niemand so recht Notiz nehmen. Zu sehr schmerzten jenen, die gekauft hatten, noch die Löcher im Geldbeutel und überhaupt fanden viele Weinliebhaber, dass es nach den Preis-Eskapaden der 90er Jahre jetzt erst einmal reicht. Dabei bietet der Jahrgang durchaus beachtliche Qualitäten. Interessantere Weine sind die weißen Bordeaux aus Graves und die süßen aus Sauternes, wobei auch die Roten – wenn auch nicht groß – so doch charmant und elegant ausgefallen sind. Allerdings: Die Qualität ist sehr uneinheitlich und es empfiehlt sich, genau zu prüfen, was man kauft.

2000 Nachdem der Bordeaux-Hype im Zuge der weltweiten Wirtschaftsflaute und aufgrund der weit überzogenen Preise bei den Jahrgängen 1997 bis 1999 ein wenig nachließ, erfüllte der 2000er alle Hoffnungen der Produzenten. Wie bestellt brachte der Milleniumsjahrgang ganz große Qualitäten, wobei die besten Weine im Médoc und in St. Emilion gekeltert wurden. Pomerol lag ein wenig zurück, Graves war eher abgeschlagen und in Sauternes fegten Regen und schwere Stürme im Oktober die Aussicht auf einen tollen Jahrgang hinweg. Einziger Wermutstropfen: Vor allem die großen Weine sind absurd teuer!

1999 Regenfälle im September sorgten für einen uneinheitlichen Jahrgang, wobei St. Emilion und Pomerol am rechten Ufer das bessere Los zogen. Für eine längere Lagerung kommen dennoch eher die Top-Weine (und nur diese!) aus dem Médoc in Frage. Die besten Weine präsentieren sich reif und saftig und bieten schon früh viel Trinkgenuss – so gesehen ein durchaus hedonistischer Bordeaux-Jahrgang.

1997 Der 97er Bordeaux war ein noch früherer Jahrgang als der legendäre 1893er, ohne dass er freilich dessen Qualität erreicht hätte. Das Jahr war insgesamt von einem ungewöhnlichen Witterungsverlauf gekennzeichnet. Ein extrem warmer März mit Temperaturen um die 29 Grad C führte zu einer sehr frühen Blüte. Manche Weingüter in Pessac-Leognan begannen bereits am 18. August mit der Lese. Die Weine präsentieren sich zumeist eher kantig und ohne wirkliche Substanz und sind für ihre Qualität nach wie vor zu teuer.

1996 Der 1996er stellte den Höhepunkt der Preisrallye in den 90er Jahren dar und brachte gute aber nicht so gleichmäßige Qualitäten wie das Jahr zuvor. Wie 1995 gab es einen fabelhaften Sommer, der jedoch durch starke Regenfälle im September beeinträchtigt wurde, was die Aussichten auf einen Jahrhundertjahrgang zunichte machte. Das Médoc blieb jedoch von den großen Regenmengen verschont, wodurch die Cabernet-Sauvignon-dominierten Weine aus dem Médoc zur absoluten Stärke des Jahrgangs wurden. Dass Pomerol, St. Emilion und Graves (aufgrund der verwässerten Traubenqualität) meist nicht so erfolgreich abgeschnitten haben, ist kein Geheimnis.

1995 in allen Appellationen als einheitlich guter Jahrgang bekannt. Aber Vorsicht bei den trockenen Weißweinen von Graves und den süßen Weißweinen von Barsac/Sauternes, deren Qualität nur durchschnittlich ausgefallen ist.

1994 Bei diesem Jahrgang heißt es aufpassen. Zwischen dem 7. und 29. September wurde Bordeaux von 175 mm Regen heimgesucht. Jene Winzer, die nicht bereit waren, ihre Ernte enorm zurückzustufen, konnten daher auch keine Spitzenweine hervorbringen. Die Weinberge mit der besten Drainage am linken Gironde-Ufer (Ufernähe im Médoc und in Graves) lieferten meist sehr gute Weine.

1993 Wegen der größten September-Regenfälle der vergangenen dreißig Jahre kann der 93er Bordeaux in manchen Gegenden komplett abgeschrieben werden. Allerdings gibt es einige Ausnahmen: Die Weingüter in Pomerol (z. B. Pétrus, Beauregard), aber auch Latour brachten eine erfreuliche Qualität zustande.

1992 ein ingesamt trauriger Jahrgang. Die Lese fand unter miserablen Bedingungen statt. Die beiden Pomerol-Spitzenweingüter Pétrus und Trotanoy trotzten der Regensintflut mit einer brillanten Idee. Der Besitzer Christian Moueix ließ die Weinberge Anfang September mit schwarzer Plastikfolie abdecken. Diese aufwendige Maßnahme führte dazu, dass die beiden Weingüter zwei der drei höchstkonzentrierten Weine des Jahrgangs hervorbrachten.

1991 der absolute Absturz für das rechte Gironde-Ufer. Für die Appellationen Pomerol und St. Emilion ist der Jahrgang katastrophal ausgefallen, weil am Wochenende des 20./21. April Spätfrost einen Großteil des Ertrages vernichtete. Die meisten großen Châteaux haben den ganzen Jahrgang deklassiert, aber La Conseillante und Gazin brachten als Ausnahme doch noch achtbare Weine zustande.

Das nördliche Médoc blieb vom Frost weitgehend verschont, und praktisch alle gut geführten Weingüter in St. Julien, Pauillac und St. Estéphe brachten überdurchschnittliche und sogar exzellente Weine zustande.

1990/89 *90* oder *89* Meist fällt die Entscheidung zugunsten der 90er aus, wobei sich die Meinungen der Experten bei einigen Vergleichen durchaus nicht so einhellig zeigten. 1990, das zweitwärmste Jahr des Jahrhunderts (nach 1947), und 1989, das Jahr, in dem die Ernte bereits am 28. August begann und auf manchen Weingütern erst am 15. Oktober endete, brachten enorme Erntemengen und ausgezeichnete Weine hervor. Welcher Jahrgang bei jeweils sehr guten Wetterbedingungen besser ausgefallen ist, ist von Weingut zu Weingut unterschiedlich.

Vor allem die Winzer in St. Emilion (allen voran Figeac, Cheval Blanc und Beauséjour-Duffau) brachten 1990 den besten Jahrgang der letzten zehn Jahre hervor.

Bekannt ist auch, dass 1990 die Premiers Crus im Médoc außerordentlich stark ausgefallen sind. Mouton Rothschild und Pichon-Lalande haben jedoch eher enttäuscht und '89 weitaus bessere Weine hervorgebracht.

Die trockenen Weißweine von Graves haben 1990 weitaus besser abgeschnitten, allerdings mit Ausnahme von Haut-Brion-Blanc und Laville-Haut-Brion, deren 89er zweifellos zu den besten weißen Graves zählen, die es je gegeben hat.

Interessant ist, dass jedoch die meisten Pomerols 1990 nicht an die Größe des 1989ers herankommen. Aber auch hier gibt es wieder Ausnahmen: Die

Weingüter an der Grenze zu St. Emilion (z.B. L'E-
vangile, La Conseillante oder Bon Pasteur) produzierten 1990 eindeutig reichhaltigere Weine.

1988 ein insgesamt eher unspektakulärer – wenn auch
nicht schlechter – Rotwein-Jahrgang, weil viele Châ-
teaux aus Angst vor Regenfällen zu früh mit der
Ernte begannen. Bei den Süßweinen von Barsac und
Sauternes ist der 88er jedoch einer der größten
Jahrgänge des Jahrhunderts.

1987 zweifellos der am meisten unterschätzte Jahrgang der achtziger Jahre. Im August und September waren die Bedingungen ideal – dann machte der
Regen alles zunichte, weil man mit der Ernte der an
sich vollreifen Trauben zu lange zuwartete.
Ein Teil des Merlot wurde allerdings schon vor dem
großen Regen gelesen, wodurch vor allem die Pomerols aus diesem Jahrgang durchwegs Trinkfreude
bereiten.

1986 Die Qualität dieses Jahrgangs war erstens von
einem »Hurrikan« am 23. September und zweitens
vom Lesetermin bestimmt. Ein schrecklicher Sturm
fegte über die Stadt Bordeaux und über die Appellationen Pomerol, St. Emilion und Graves hinweg
und brachte Überschwemmungen mit sich. Diese-
nigen Weingüter am rechten Ufer (z. B. Vieux-Châ-
teau-Certan, Lafleur), die mit der Ernte zugewartet
hatten, brachten dennoch harmonische Weine zustande, weil nach dem 23. September 23 Tage lang
überaus schönes Wetter war. Das nördliche Médoc
blieb von der Sturmkatastrophe verschont. Mouton-Rothschild und Margaux lasen den Cabernet
Sauvignon erst vom 11. bis 16. Oktober, was ihnen
großartige Weine bescherte.

Der Jahrgang hat auch Paradoxes zu bieten: Graves brachte ebenso generell eine hohe Qualität zustande – und dies, obwohl die Gegend stark vom Unwetter am 23. September mitgenommen worden war. Die einleuchtendste Erklärung dafür: Die Spitzenweingüter, wie die Domaine de Chevalier oder Haut-Brion, nahmen den Merlot weitgehend aus ihren Cuvées heraus und brillierten mit einem höheren Cabernet-Sauvignon-Anteil.

1985 das Jahr der »Super-Seconds« im Médoc: Léoville-le-Las-Cases, Lynch-Bages, Ducru-Beaucaillou, Pichon-Longueville-Comtesse de Lalande, Cos d' Estournel oder Léoville-Barton brachten Weine auf den Markt, die es mit den Premiers Crus ohne weiteres aufnehmen können – und sie sogar übertrumpfen.

1984 ein turbulentes Jahr – zumindest was das Wetter betrifft. Das schlimme Wetter im Frühjahr machte bereits die Merlot-Ernte und alle Hoffnungen zunichte; dem folgte ein Wirbelsturm namens »Hortense«, der zwischen dem 21. September und 4. Oktober sogar Dächer abtrug. Ein Jahrgang, der in Ihrem Weinkeller getrost fehlen darf, denn es gibt keine Ausnahmen, die die Regel bestätigen. Außerdem werden Sie viele Spitzenchâteaux vom rechten Gironde-Ufer erst gar nicht finden – sie nahmen den gesamten Ernteertrag aus der Klassifizierung. Selbst Pétrus brachte nur 800 Kisten (in den Jahren 1995 und 1996 jedoch 4.500) auf den Markt.

1983 ein Jahr der Überraschungen: Die Weine aus dem nördlichen Médoc enttäuschten – mit Ausnahme des hervorragenden Léoville-Poyferré, der in diesem Jahr mit den berühmteren Léoville-Las

Cases und Léoville-Barton mithalten konnte. Außerdem zählen die 83er Bordeaux aus der Appellation Margaux zu den Geheimtips der 80er Jahre: Die Weingüter Margaux, Rausan-Ségla, Palmer, aber auch d'Issan und Brane-Cantenac setzten sich im 83er Jahr von der Konkurrenz haushoch ab.

Am rechten Ufer ist kein einheitlicher Trend zu erkennen: Cheval Blanc füllte mit dem 83er jedenfalls einen seiner größten Weine des Jahrzehnts ab.

1982 einer der Topjahrgänge des Jahrhunderts – das gilt für alle Spitzenweingüter im Bordeaux. Hier lässt sich weder mit positiven noch mit negativen Ausnahmen ein Blumentopf gewinnen. Auftrumpfen könnte höchstens jemand, der sich bereits damals ein ordentliches Kontingent zulegte, denn der Jahrgang ist noch im Jahr 1983 vor allem von der Weinfachpresse sehr skeptisch betrachtet worden. Man kritisierte die Säurearmut und sagte dem 82er keine große Zukunft voraus. Haben Sie sich von derartigen Unkenrufen nicht abschrecken lassen, können Sie allen Ihre Treffsicherheit vor Augen führen und sich darüber hinaus angesichts der heutigen Preise mit dem »Weinkauf des Jahrhunderts« rühmen.

1981 ein durchschnittlicher Jahrgang, über den sich nicht viel Signifikantes sagen lässt – außer vielleicht, dass man ihn schon getrunken haben sollte.

1980 Dieser Jahrgang hat keinen guten Ruf – nicht zu Unrecht. Was viele nicht wissen: Für die Süßweine von Sauternes – vor allem Climens, Yquem und Raymond-Lafon – war 1980 ein ausgezeichnetes Jahr.

1979 ein Bordeaux-Jahr, das insgesamt nur geringes Interesse hervorrief. Die 79er der Spitzenweingüter (z. B. von Pétrus, Margaux oder Domaine de Chevalier) sind dennoch gute, volle Tröpfchen, die nur sehr langsam heranreifen und erst im neuen Jahrtausend aus dem Keller geholt werden müssen.

1978 ein ausgezeichnetes Jahr für die Rotweine von Graves – mit Ausnahme des Pape-Clément, der überaus schlecht abschnitt.

Wenn man die miserablen Wetterbedingungen, die vom Frühjahr bis Ende August herrschten, bedenkt, brachten die Winzer dank eines hervorragenden Erntewetters noch einen guten Jahrgang zustande. Echte Spitzenweine sind aber nicht zu finden.

1977 bekanntlich der schlimmste Bordeaux-Jahrgang der 70er Jahre – ohne Ausnahme. Falls Sie dennoch den einen oder anderen 77er ihr Eigen nennen, verschweigen Sie das am besten.

1976 Prophezeit wurde damals ein Jahrhundertwein – nur wurde daraus leider nichts, weil der starke Regen vom 11. bis zum 15. September den Winzern einen Strich durch die Rechnung machte und die Trauben aufschwemmte. Die besten Weine wurde im nördlichen Médoc sowie in St. Julien, Pauillac und St. Estèphe gekeltert. Graves und Margaux schnitten schlecht ab.

1975 ein überaus rätselhafter Jahrgang, der sowohl schlechte als auch große Weine hervorbrachte. Typisches Kennzeichen für den Jahrgang sind die harten Tannine, wodurch die besten 75er Bordeaux (u. a. Pétrus, L'Evangile, Lafleur, La Mission-Haut-Brion, Trotanoy, Latour, Mouton-Rothschild, Léoville-Las Cases) bis heute ihre volle Reife noch nicht erreicht haben. Lafite schneidet übrigens im Konzert der »Großen« besonders schlecht ab – ein unharmonischer, ewig unreifer Wein.

1974 kein besonderer Jahrgang; vor allem das Médoc brachte nichts Trinkbares hervor. Die besten Weine des Jahres stammen von La Mission-Haut-Brion und der Domaine de Chevalier; allerdings sollte man auch sie schleunigst austrinken.

1973 Das verregnete Lesegut führte zu verwässerten Weinen. Einäugig unter Blinden: Latour und Pétrus. Der große Süßwein Yquem ist aber der einzige wirklich nennenswerte Bordeaux.

1972 An diesen Jahrgang müssen Sie keinen Gedanken verlieren. Neben dem 77er ist der 72er der schlimmste Jahrgang des Jahrzehnts. Wenn es überhaupt etwas Trinkbares gibt, dann Lascombes und Cheval Blanc.

1971 Der 71er Pétrus (95 Parker-Punkte) ist eine Legende und sicher der Bordeaux des Jahrgangs schlechthin. Auch Latour, Trotanoy und La Mission-Haut-Brion brachten beachtliche Weine hervor, die – soferne sie richtig gelagert wurden – noch gute zehn Jahre Genuss bringen werden.
Für die hohen Preise zeichnet vor allem die geringe Ernte verantwortlich.

1970 ein insgesamt guter Jahrgang mit vollen, komplexen Weinen. Grund dafür: Es war eines der wenigen Jahre, in denen das Wetter keine Kapriolen schlug.

1969 ein katastrophales Jahr, da sintflutartige Regenfälle im September die Weinqualität total zerstörten. Einzige Ausnahme bilden der renommierte Pétrus und der wesentlich unbekanntere Fieuzal.

1968 Mit dem 68er Jahr mögen viele sentimentale Erinnerungen verbinden, auf Bordeaux-Freunde trifft das sicher nicht zu. Das Einzige, das es zu vermelden gibt: Regen, Regen, Regen …

1967 In diesem Jahr war das rechte Gironde-Ufer eindeutig bevorzugt. Einen der besten Weine und sicher den besten im Médoc brachte dennoch Latour zustande.

1966 Der 66er Bordeaux kam erstaunlich gut weg. Allerdings muss gesagt werden, dass der Jahrgang insgesamt etwas überbewertet wird. In Pomerol, St. Emilion und Graves ist er sicher der zweitbeste Jahrgang des Jahrzehnts, nach dem 61er. Die Weine im Médoc sind – abgesehen vom Latour, der sich die Auszeichnung »Wein des Jahres« einheimste – eher enttäuschend ausgefallen.

1965 eine einzige Katastrophe, der schlimmste Jahrgang nach dem Zweiten Weltkrieg. Man bedenke, dass es damals noch kein Spritzmittel gegen Fäulnis gab.

1964 Die Qualität des Jahrgangs hängt von einem Datum ab, dem 8. Oktober. Wer zuvor (den Merlot) erntete – also die Châteaux in Pomerol, St. Emilion und Graves –, füllte später ausgezeichnete bis hervorragende Weine ab (z. B. Pétrus, Cheval Blanc, Trotanoy, Domaine de Chevalier, die bei Parker alle mit 90 Punkten aufwärts bewertet wurden). Durch das Einsetzen sintflutartiger Regenfälle am 8. Oktober konnte der Cabernet Sauvignon im Médoc zum Teil gar nicht mehr eingebracht werden, weshalb dieser Jahrgang durch schlechte Leistungen berühmter Châteaux (z. B. Lafite-Rothschild, Mouton-Rothschild, Lynch-Bages oder Margaux) in die Geschichte einging.

1963 Es ist besser für Sie, wenn Sie nie eine Flasche dieses Jahrgangs zu Gesicht bekommen. Eine absolute Pleite.

1962 Ein Wein, der auf den 61er Bordeaux folgt, hat es nicht leicht. Für die Süßweine aus Sauternes und Barsac war es sogar ein Spitzenjahr, auch sonst schnitten alle Appellationen sehr erfolgreich ab. Tatsache ist, dass Spitzenweine, wie etwa Mouton, noch immer viel Trinkvergnügen bieten können – und das um einen Bruchteil des Preises der berühmten 61er.

1961 ein hochverehrter Jahrgang, der mit Summen bedacht wird, als handle es sich um Gold. Die Appellation St. Emilion kam jedoch nicht an die allgemein hervorragende Qualität heran, da sich viele Weinberge bis dahin noch nicht von den Frostschäden des Jahres 1956 erholt hatten.

1959 unbestreitbar ein großer Jahrgang, dessen Stärke im linken Gironde-Ufer liegt. Falls Sie den sensationellen Duft der Topbordeaux am 59er vermissen: Wahrscheinlich ist das auf die Hitze dieses Sommers zurückzuführen. Vor allem die Premier Crus von den beiden Rothschild-Weingütern befinden sich sogar heute noch in besserer Verfassung als die Weine aus dem legendären 61er Jahr.

1958 Graves war die Appellation des Jahres. La Mission-Haut Brion, Haut Brion und Pape-Clément produzierten hervorragende Weine.

1955 Dieser Jahrgang wurde stets unterbewertet, weil es ihm insgesamt an Spitzenleistungen mangelte. La Mission-Haut-Brion kelterte den Wein des Jahres; manche behaupten sogar, es sei auch der beste der 50er Jahre.

1953 ein Luxusjahrgang, der zu Luxuspreisen gehandelt wird. 53er-Magnums von den bekannten Topchâteaux, die in kalten Kellern gelagert wurden, zählen noch immer zum Besten.

1950 Die Qualität der Pomerol-Bordeaux aus dem Jahr 1950 ist kein Geheimnis und kann durchaus mit den berühmten Jahrgängen 1947 und 1949 mithalten. Auch St. Emilion brachte ausgezeichnete Weine zustande. Das linke Gironde-Ufer können Sie jedoch vergessen.

1949 Wer heute einen 49er Bordeaux kaufen möchte, muss schon ein kleines Vermögen hinlegen, denn die Weine sind noch immer in hervorragendem Zustand. Die Weine vom rechten Ufer rangieren dennoch hinter denen aus dem Jahr 1947.

1947 ein Jahrhundertwein, der aus einem der heißesten Jahre (neben 1949) dieses Jahrhunderts hervorging. Allerdings trifft das nicht auf alle Chateaux zu: Lafite Rothschild, Latour und Léoville-Barton brachten leider nur Weine mit übermäßig viel Säure zustande.

1945 ein insgesamt herausragender Jahrgang, von dem es nicht mehr allzu viel gibt. Grund dafür: Durch den Spätfrost im Mai wurde nur ein sehr kleiner Ertrag eingebracht. Die Premiers Crus und Super-Seconds stehen nach wie vor außer Konkurrenz. Ganz groß und unbezahlbar: Mouton Rothschild.

»Wenn es um Wein geht, ist es besser, in einen Korkenzieher zu investieren als in eine Jahrgangstabelle. Der beste Weg, um etwas über Wein zu lernen, ist, ihn zu trinken!«
UNBEKANNTE HERKUNFT

Weine & Speisen
Die Kunst der richtigen Zusammenstellung

Eines ist klar: Es gibt keine narrensicheren, unumstößlichen Regeln, wenn es um die richtige Zusammenstellung von Wein und Speisen geht. Als Weinsnob und hoffentlich anerkannter Experte wird man Sie jedoch – an welcher Tafel auch immer Sie Platz nehmen – bitten, die passenden Weine für das in Aussicht genommene Menü auszuwählen, womit sich alle anderen Anwesenden elegant aus der Verantwortung stehlen. Für Sie ist dieser Fluchtweg versperrt, denn würden Sie die heiße Kartoffel weiterreichen, so könnte ja der Eindruck entstehen, dass Sie eine andere Person für qualifizierter halten, diese diffizile Aufgabe zu übernehmen. Also schnappen Sie sich mit sicherem Griff die Weinkarte, und wählen Sie aus – aber machen Sie sich vorher auch kundig, denn wenn den anderen Gästen der georderte Wein nicht schmeckt, wird man nicht den Sommelier, sondern Sie allein dafür verantwortlich machen; ganz egal, ob Sie nun etwas dafür können oder die betreffenden Personen an Geschmacksverirrung leiden.

Die Kunst der perfekten Weinauswahl ist im Grunde ein Thema ohne Ende, und es ist kein Wunder, dass sich bereits zahlreiche dicke Wälzer damit befasst haben. Die Vielzahl der aufgestellten Regeln und Richtlinien hat allerdings auch dazu geführt, dass sich so manche von ihnen widersprechen. Das ist auch ganz normal, denn erstens ist die Harmonie zwischen Speisen und Weinen eine Frage des Geschmacks und der persönlichen Vorlieben, zweitens lässt sich der grandiose gedämpfte Steinbutt auf Hummernage eines großen Cuisiniers nicht mit dem wässrigen Fischchen in einem Möchtegern-

Gourmetlokal vergleichen, und drittens ist und bleibt der Wein ein Naturprodukt, das ständigen Veränderungen unterworfen ist. Die oberste Regel für die Auswahl eines Weines zum Essen lautet daher: Er muss Ihnen schmecken! Lassen Sie sich also nicht vom Vertretercharme eines vorwitzigen Sommeliers, der Ihnen seinen neuesten Lieblingswein (oder einen alten Ladenhüter) aufschwatzen will, ins Bockshorn jagen. Verlangen Sie ruhig, dass Sie den Wein vorher kosten können, und wenn er Ihnen nicht schmeckt – weg damit.

Freilich kommt man, was die Begleitung von Speisen durch Wein angeht, nicht ganz um einige allgemeingültige Richtlinien herum. Man sollte sie zumindest kennen – und sei es auch nur deshalb, dass man sie dann durchbricht.

Die Faustregel »weißer Wein zu weißem und roter Wein zu dunklem Fleisch« ist zwar nicht verkehrt, befindet sich jedoch im Zeitalter von Fusion-Küche und allgemeiner Geschmacksdemokratie mehr und mehr in Auflösung – was freilich nicht bedeutet, dass man im Zweifelsfall nicht darauf zurückgreifen kann. Längst hat man jedoch erkannt, dass ein Burgunder zum Kalbfleisch ebenso mundet wie ein Côtes du Rhone zum Loup de Mer. Umgekehrt vertragen die dunkle Entenbrust oder ein eingemachtes Lamm durchaus auch kräftige, ausdrucksvolle Weißweine.

Die Grundregeln

♈ Die Weinfolge sollte sich – wie die Menüfolge – stets vom Leichteren zum Kraftvolleren bewegen. Ausnahmen bestätigen auch hier die Regel. Ein Gewürztraminer oder eine Spätlese zur Gänseleber gelten längst nicht mehr als Fauxpas.

♀ Die Intensität des Geschmacks des Weines und die
der Speise sollten harmonieren. So wäre es schade,
eine gedämpfte Seezunge mit einem schweren Montrachet zu erschlagen; andererseits wird ein leichter
Beaujolais oder Blauer Portugieser neben einem Reh-
rücken oder einer Hirschkeule chancenlos unter-
gehen.

♀ Der Wein wird immer auf die dominierende Ge-
schmackskomponente auf dem Teller abgestimmt.
Das ist etwa beim Fleischgang meist das Fleisch,
allerdings – und das wird oft übersehen – in Verbindung mit der Sauce.

♀ Die Harmonie der einzelnen Geschmackskompo-
nenten, die von der Zunge wahrgenommen werden (bitter – sauer – salzig – süß), soll hergestellt
werden. Während sich etwa Säuren und Bitterstoffe aus Wein und Speise addieren, heben sich
süße Geschmackseindrücke gegenseitig auf. Das
bedeutet: säurearme Weine zu sauren Gerichten
und frische Weine mit hoher Säure zu säurearmen
Speisen. Zu Gerichten, die – absichtlich – einen
salzigen Geschmack haben, sollte man säurearme
Weine reichen, da das Salz den sauren Eindruck
verstärkt.

Im Folgenden habe ich einige todsichere Kombina-
tionstips zusammengestellt, die Sie jederzeit aus dem
Hut zaubern, aber natürlich auch individuell abwan-
deln können:

Hors d'oeuvres: Fast immer passt ein leichter, trockener
Weißwein (z. B. ein leichter Riesling, ein Pinot Grigio oder ein Muscadet).

Austern: harmonieren am besten mit Champagner oder weißem Burgunder (z. B. Chablis, Montrachet, Meursault).

Caviar: Wenn man dazu keinen Wodka trinken will, bevorzuge man Sancerre, Riesling oder Champagner.

Gänseleber: ideal ergänzt durch Sauternes, Gewürztraminer, süßen Muskateller oder eine Riesling-Spätlese.

Hummer und Schalentiere: vertragen sich gut mit Pinot blanc und Chardonnay.

Räucherlachs: lässt sich perfekt durch ausdrucksvolle trockene Weißweine wie Chardonnay, Pinot blanc, Pinot gris unterstreichen. Vorsicht: Lachs verträgt sich schlecht mit hoher Säure; zu wuchtige Weißweine betonen ebenso wie Champagner die öligtranige Komponente von Lachsfleisch.

Pasta: Dazu sollte man junge weiße Italiener (Frascati, Pinot Grigio etc.) oder leichte rote Tischweine (z. B. Bardolino) trinken.

Spargel: ein ideales Gericht für Riesling oder Chardonnay.

Fisch: Je nach Konsistenz und geschmacklicher Intensität kombiniere man leichte (Veltliner, Müller-Thurgau, junger Riesling) bis massive (Meursault, Montrachet) Weißweine oder leichte Rotweine (z. B. Zweigelt, Beaujolais, Merlot etc.).

Geflügel: Die üblichen leichten bis mittelschweren Weißweine können – bei entsprechender Sauce (z. B. beim Coq au vin) – auch durch Rotweine, wie etwa elegante Burgunder, ersetzt werden.

Rindfleisch gekocht: Der feine, nicht allzu intensive Geschmack von Tafelspitz & Co. verlangt nach edlen Weißweinen, wie trockenem Riesling, Weißem Burgunder oder Pinot gris, wird aber auch von leichten Rotweinen, wie Zweigelt oder Merlot, harmonisch ergänzt.

Steak/Rindfleisch gebraten: Je nach individueller Vorliebe passt praktisch jeder kräftige Rotwein.

Kalbfleisch: harmoniert mit großen weißen Burgundern, Kaliforniern, Rieslingen sowie leichteren Rotweinen (Côtes-du-Rhone).

Wild: begleitet man am besten mit altem Barolo oder Barbaresco; gut geeignet sind auch andere Rotweine mit leicht erdigem Aroma, wie Blaufränkisch, Syrah oder Pinot noir.

Schweinefleisch: Wenn's nicht Bier sein soll, so passt junger Weißwein oder – beim Filet – auch guter Rotwein (z. B. Pinot noir).

Taube: harmoniert ideal mit altem roten Burgunder, wobei das Beste, was der Keller hergibt, gerade gut genug ist.

Käse: Grundsätzlich gilt, dass zu milden, weniger aromatischen Käsen milde Weine und zu kräftigen Käsen eher kräftige Weine getrunken werden sollten, wobei man den Käse auch in dieser Reihenfolge verzehrt. Während ein zu massiver Wein den Geschmack eines milden Butterkäses völlig zudecken kann, zerstört ein reifer, geschmacksintensiver Rotschmierkäse oft die Aromen eines »zu kleinen« Weins, obwohl dieser, für sich getrunken, ganz prächtig gemundet hätte.

Die Frage, ob Weiß- oder Rotwein zu einem bestimmten Käse besser passt, ist meist Geschmackssache; während man früher fast durchwegs Rotweine empfohlen hat, ist heute ein Demokratisierungsprozess zugunsten der Weißweine eingetreten.

Tatsächlich ist es aber möglich, zu vielen Käsesorten – je nach Vorliebe – sowohl Weiß- als auch Rotweine zu trinken. Lediglich die Blau- und Grünschimmelkäse verlangen nach Süßweinen wie Trokkenbeerenauslesen oder – noch besser – Portwein. Freilich gibt es auch Weine, die eigentlich ein echter Käse sind, und Käse zum Weinen – aber da hilft dann auch das perfekte Know-how des Wein- und Käsekenners nichts mehr.

Desserts: Von Riesling-Trockenbeerenauslesen über Eisweine bis hin zum Château d'Yquem oder zum Port bietet sich – entgegen dem Vorurteil, dass Wein nicht zum Dessert passe – ein weites Feld an Kombinationsmöglichkeiten an. Eine der schönsten Kombinationen ist beispielsweise jene eines dunklen Süßweins, wie eines Banyuls, mit allen Schokoladedesserts (die sich ansonsten fast jedem, auch einem süßen, Wein verschließen). Viele Desserts – insbesondere solche mit Obst und Früchten – lassen sich auch perfekt mit Schaumwein begleiten.

Problemfälle

Suppen: Zu Suppen wird – mangels Harmonie – zumeist kein Wein getrunken. Ausnahmen sind etwa Fischsuppen (leichter bis mittelkräftiger Weißwein) oder gebundene Suppen, die je nach Inhalt – insbesondere wenn sie mit Wein verfeinert wurden – auch eine Weinbegleitung vertragen.

Salate: Sowohl Essig als auch die Bitterstoffe bestimmter Blattsalate sind Feinde des Weines. Sicher kann man zu manchen Salaten, wie Fleisch- oder Käsesalat, auch Wein trinken, eine großartige Harmonie wird sich freilich kaum einstellen. Ausnahme sind

Salate, die eigentlich keine sind, da sie nicht mit Essig mariniert werden; mit einem Waldorfsalat etwa lassen sich ohne weiteres kräftige Weißweine kombinieren.

Exotische Gewürze: Exotische Gewürze wie Kardamom, Ingwer oder Curry lassen selten Harmonie mit einem Wein aufkommen. Zu den wenigen Rebsorten, mit denen sich brauchbare Ergebnisse erzielen lassen, zählen der Gewürztraminer und der Sauvignon blanc, machmal auch der Chardonnay. Leichter geht es in vielen Fällen – insbesondere was die asiatische Küche betrifft – mit Bier oder, noch besser, mit grünem Tee.

Extremfälle
Bestimmte Gemüse, wie Spinat, Mangold oder Rhabarber, Eiergerichte, Sauce vinaigrette, Schlagrahm oder Eis werden oft als »Todfeinde des Weines« bezeichnet. Ganz so arg ist es nicht; mit viel Geduld lässt sich wohl ein einigermaßen passender Wein finden. Es fragt sich nur, ob sich dieser Aufwand – gemessen am Ergebnis – auch wirklich lohnt.

Im Reich der Düfte und Geschmäcker

Lassen Sie sich nicht gleich allzu sehr beeindrucken, wenn ein Weinkenner bei der Verkostung eines Rotweins nach ausgiebigem Geschnüffel befindet: »Ein ausgeprägter Schwarzer-Johannisbeer-Ton – das muss Cabernet Sauvignon sein!« So ein Kunststück ist das nämlich nicht, wenn man eine einigermaßen feine Nase besitzt und weiß, dass der Duft nach Schwarzen Johannisbeeren oder »Cassis« ein typisches Merkmal dieser Rebsorte ist. So haben die meisten Weine bestimmte Duft- und Geschmackscharakteristika, die es einerseits erleichtern, einen Wein zu erkennen, andererseits die sogenannte »Sortentypizität« definieren. Natürlich weist nicht jeder Wein einer bestimmten Sorte eines oder mehrere der ihm zugeordneten Geruchs- oder Geschmacksattribute auf; schließlich handelt es sich um Naturprodukte, die sich – gottlob – nur bedingt kategorisieren lassen. Dennoch kann ein kleiner Leitfaden durch die sortentypischen Gerüche und Geschmäcker durchaus hilfreich sein, wenn es darum geht, einen unbekannten Wein zu erkosten oder einen bekannten zu beschreiben. Da sich Dufteindrücke zumeist auch im Geschmack wiederfinden, habe ich die folgenden Charakteristika der Einfachheit halber nicht in diese zwei Kategorien aufgegliedert.

Weißweine
Chardonnay: Ananas, Banane, Äpfel, Birnen, Zitrusfrüchte, Karamell, Vanille, Butter.
Chenin blanc (z. B. Loire): Äpfel, reife Marillen (Aprikosen), Nüsse, Marzipan, Stroh, Honig.
Pinot blanc (Weißer Burgunder, Klevner): Nüsse, Äpfel, grünes Laub, bei hoher Reife Butter.
Riesling: Pfirsiche, Marillen (Aprikosen), grüne Äpfel, Quitten, Limonen; im Alter Duft nach Petroleum (Benzin).
Ruländer (Pinot gris, Grauer Burgunder): bei hoher Reife Nüsse, Honig.
Sauvignon blanc: grüner Paprika, frisch geschnittenes Gras, grüne Blätter, Stachelbeeren; Neue-Welt-Weine: gekochter Spargel.

Sémillon (z. B. Bordeaux): Zitronen, Gras, getoastetes Weißbrot, Honig.

Traminer/Gewürztraminer: Gewürze (auch exotische, wie Ingwer, Kardamom etc.), Rauch, Gras, Litschis.

Weißweine mit lokaler Bedeutung

Bacchus (D): intensive Frucht im Duft, dazu Muskat/ Kümmel.

Grüner Veltliner (A): würzig, pfeffrig, fruchtbetont; im Alter Brot, Nüsse, Mandeln.

Gutedel (Chasselas, Fendant) (CH, D): etwas Mandeln, Muskat, eher neutral, frischer Charakter.

Kerner (D): rassig, würzig, Muskat, meist fruchtig und säurebetont.

Müller-Thurgau (Riesling x Sylvaner, Rivaner) (D, A, CH): Muskat, eventuell Gras.

Muskat-Ottonel (A): intensive, oft fast laute Frucht, Muskat, Würze, manchmal grüne Äpfel.

Muskateller (A): riecht und schmeckt nach Trauben; je nach Reife grüne Äpfel, Orangen, Zitrusfrüchte, Rosenblüten.

Neuburger (A): Nüsse (eher bei hoher Reife) im Duft und Geschmack; tendiert zu hohem Extrakt, daher oft als Prädikatswein ausgebaut; Honig.

Scheurebe (Sämling 88) (D, A): Die beste Qualität erreicht die Sorte als Prädikatswein; in unreifem Zustand negativer, aufdringlicher, fast stinkender »Sämling-Ton«.

Silvaner (Grüner Silvaner) (D, CH): eher neutral, manchmal etwas Stachelbeeren.

Trebbiano (Ugni blanc) (F, I): weit verbreitete, aber eher ausdruckslose Rebsorte, die unter anderem als

Grundwein für Cognac und Armagnac dient und zu Soave, Frascati oder Orvieto verarbeitet wird.

Welschriesling (A): Stachelbeeren, grüne Äpfel, saure Drops, Johannisbeeren.

Rotweine

Cabernet franc: ählich wie Cabernet Sauvignon, auch Brombeeren, mehr grüner Paprika, gemüsige Anklänge.

Cabernet Sauvignon: Schwarze Johannisbeere, Dörrobst, Schokolade, grüner Paprika, Zedernholz/Zigarrenkiste, Tabak.

Merlot: Beeren wie Kirsche, Johannisbeere etc., Zwetschken (Pflaumen), Gewürze.

Nebbiolo (Rebsorte von Barbaresco, Barolo): Pflaumen, Liebstöckel, Veilchen, dunkle Bitterschokolade.

Pinot noir (Blauer Burgunder, Blauer Spätburgunder): Himbeeren, Walderdbeeren, Kirschen, Preiselbeeren; im Alter Laub, Unterholz, Leder, Pilze etc.

Sangiovese (Hauptrebsorte von Chianti, Brunello, Vino Nobile di Montepulciano): Weichseln, schwarze Kirschen, Gewürze, Tabak, Rauch, Kräuter.

Syrah (Shiraz): Schwarzer Pfeffer, Gewürze, Brombeeren, Oliven, Leder, Teer, manchmal Schokolade.

Tempranillo (Hauptrebsorte von Rioja und Ribera del Duero): Erdbeeren, Gewürze, etwas Leder, Karamell; eher schwach aromatisch.

Rotweinsorten mit lokaler Bedeutung

Blauburger (A): weinig im Duft; kräftiger, meist eher einfacher Wein.

Blauer Portugieser (Portugieser) (A, D): wenig Bukett; traubig, Heublumen, im Idealfall etwas Beeren.

Blaufränkisch (Lemberger, Limberger, Blauer Limberger)
(A, D, U, CZ etc.): Brombeeren, Gras, mineralische
Bodentöne, Moos, Pilze, manchmal Schokolade.
Dornfelder (D): Himbeeren, Brombeeren, Sauerkir-
schen, meist hoher Extrakt, kräftiges Tannin.
Gamay (F): frisch, fruchtig, Erdbeeren, Kirschen (Beau-
jolais).
Grenache (Garnacha) (F, E): Himbeeren, Brombee-
ren, Kräuter, Pfeffer (u. a. in Châteauneuf-du-Pape,
Côtes du Rhône, Banyuls, Rioja).
Schwarzriesling (Müllerrebe) (F, D): Beeren im Duft;
erinnert an Burgunder; eher säurebetont.
St. Laurent (A): Kirschen, Weichseln, Himbeeren; ähn-
lich Pinot noir.
Zinfandel (USA): Pfeffer, dunkle Beeren, Gewürze;
wird oft auch »weiß gepresst« oder als Rosé verkauft
Zweigelt (A): Kirschen, Weichseln, verschiedene Beeren.

Wie riechen und schmecken denn …

Jahrgangschampagner, Prestige-Cuvées: Biskuit, Hasel-
nuss, Kekse.
Sauterne: Ananas, Honig, Marillen, Rauch, Zedernholz
Tokajer: getrocknete Früchte, Honig, Rosinen, Leder,
Orangen, Karamell.
Sherry (Fino): idealerweise von Hefe und Meersalz ge-
prägt; nussig, würzig.
Port: Schwarze Johannisbeeren, Dörrobst, Zedernholz,
Pflaumen, Nüsse.
Bordeaux: Schwarze Johannisbeeren, Schokolade, grü-
ner Paprika, Zedernholz, Tabak.

Burgunder (rot/Pinot noir): intensiver Duft, bei älteren Burgundern oft fast stinkend; Himbeeren, Kirschen, Preiselbeeren, Erdbeeren, Leder, Waldboden, Pilze, Wild, »Goût de terroir«, sprich Geschmack von Boden, feuchtem Laub etc.

Burgunder (weiß/Chardonnay): Hasel- und Walnüsse, Mandeln, Butter, Toast, Zimt, Vanille, Zitronen (eher bei Chablis), Rösttöne (vor allem Meursault).

Puilly-Fumé, Sancerre (Sauvignon blanc): Gras, Feuerstein, Stachelbeeren, viel frische Frucht und Würze.

Wie man einen Weinkeller anlegt und ihn richtig füllt

Einen Weinkeller zu haben ist natürlich eine feine Sache, doch stellt sich vorerst einmal die bange Frage: Wie legt man ihn an?

Will man die Sache ganz professionell angehen und sich einen kompletten Weinkeller aus dem Boden stampfen lassen, so ist alles ganz einfach: Es gibt Firmen, die diese Arbeit fachgerecht und zuverlässig erledigen. Legt man keinen besonderen Wert darauf, über seinem eigenen Weinkeller zu wohnen, so empfiehlt sich der Kauf eines nicht mehr benötigten Weinkellers in einer nicht allzu weit vom Wohnort entfernten Weinregion. Eine andere, ebenso einfache und weit kostengünstigere Alternative ist es, sich Weinboxen bei einem Winzer zu mieten.

Will man dagegen seinen eigenen, bestehenden Keller weingerecht adaptieren, so sollte man auf einige wichtige Kriterien achten. Der Keller sollte dunkel und keinen Erschütterungen ausgesetzt sowie keinen allzu großen Temperaturschwankungen unterworfen sein. Als ideale Temperatur für eine längere Weinlagerung werden etwa 10 bis 13 Grad Celsius angesehen; ist der Keller wärmer, so geschieht auch nichts Besonderes, außer dass der Wein schneller reift. Feuchtigkeit, ansonsten der Feind aller Gegenstände, die man im Keller aufbewahren will, ist für den Wein ein Vorteil. Zwar zersetzen sich mit den Jahren die Etiketten, dafür bewahren aber die Korken ihre Spannkraft, da sie von zwei Seiten befeuchtet werden.

Wie man sich seinen Keller einrichtet, bleibt letztlich dem persönlichen Geschmack und dem Volumen der Brieftasche überlassen. Die Bandbreite reicht hier von noblen Fertigteilbausteinen, die in Vinotheken, aber auch Baustoffhandlungen verkauft werden, über die weit billigeren Holzregale mit runden Ausnehmungen bis hin zu einfachen Regalen aus Holz oder Metall (letztere geben abscheuliche Knirschtöne von sich, wenn man Flaschen darauf legt). Dem Problem des Wegrollens von Flaschen auf normalen Regalen kann man

entgegenwirken, indem man Leisten auf die Regalbretter nagelt oder einfach einen bis zwei Zentimeter Sand darauf streut.

Dass edle Regale nicht das Wichtigste im Keller sind, beweisen auch die Ausführungen des deutschen Gourmetpapstes Wolfram Siebeck zu diesem Thema: Seine Weinregale bestehen aus gestapelten hölzernen Bierkisten, wie sie früher in Brauereien verwendet wurden.

Ist der Keller nur ein Kellerabteil, so sollte man schließlich noch für eine massive, aber unauffällige Kellertür sorgen, an der sich Langfinger die Zähne ausbeißen. Zur Abrundung fehlt dann nur noch eine kleine Wetterstation mit Thermometer und Hygrometer – das ideale Geburtstagsgeschenk –, damit man auch bei jeder Begehung sieht, dass man einen guten Keller hat.

Jetzt geht es darum, diesen Keller mit den richtigen Weinen zu füllen, was natürlich eine höchst individuelle Angelegenheit ist, spiegelt doch der Inhalt des Weinkellers die Lebensgewohnheiten und sogar den Charakter seines Besitzers wider.

Während für den einen der Keller nur ein Platz ist, an dem er die Weine so lange aufbewahrt, bis er sie austrinkt, wird er für den anderen zum Objekt einer mit oft fast wissenschaftlicher Akribie gepflegten Sammlerleidenschaft. Diese beiden Extreme haben, ebenso wie ihre zahllosen Zwischenstufen – die unter anderem dazu führen, dass es keine zwei gleichen Weinkeller auf der Welt gibt –, ihre Berechtigung; dennoch gibt es ein paar Punkte, die man in jedem Fall beachten sollte, um sich Enttäuschungen oder sogar finanzielle Verluste zu ersparen.

In den Anfangsphasen des Weinkaufs ist es noch nicht so wichtig, sich zu fragen, wie weit der Keller eigentlich wachsen soll. Das hängt natürlich – neben den finanziellen Möglichkeiten – von einer ganzen Reihe von Faktoren, wie Familie, Freundeskreis, Alter und so weiter, ab. Hat man nach einiger Zeit etwa einen Jahresbedarf an Wein im Keller liegen, so lässt sich damit sicherlich gut auskommen. Das Zweifache des Jahresbedarfs ist schon eine richtige Sammlung. Mehr als das bereitet im Handling bereits Schwierigkeiten.

Da man ja einen Keller nicht zuletzt deshalb anlegt, um bei jeglichen Anlässen aus dem Vollen schöpfen zu können, sollte man – natürlich je nach persönlichem Gusto – das Weinangebot breit streuen: Weiß- und Rotweine, Süßweine, Sekt oder Champagner, aber auch Port und Sherry. Weiters sollte man darauf achten, dass man einerseits jung zu trinkende Weine einlagert – davon eher geringe Mengen, da sie rasch an Qualität verlieren und man sich bald an ihnen satt trinkt –, andererseits aber auch lange lagerfähige Tropfen bunkert. Die Langlebigkeit eines Weines hängt in der Regel von seiner Reife ab, wobei hohe Extraktwerte sowie Zucker-, Säure- und Alkoholgradation wichtige Parameter sind. Weiters sind die Qualität des Jahrgangs und die Flaschengröße – je größer, desto besser – mitentscheidend für die Haltbarkeit des Weines.

Kauft man etwa guten Bordeaux, so empfiehlt es sich, mindestens eine Zwölferkiste davon anzuschaffen. Eine Flasche davon öffnet man erfahrungsgemäß gleich nach dem Kauf, will man sich doch umgehend davon überzeugen, ob man auch wirklich etwas Ordentliches erworben hat. Während der nächsten zehn Jahre werden dann zwei bis drei weitere Flaschen geköpft, da man sich ja über die Entwicklung des Weines auf dem Laufenden halten will. Erreicht der Wein dann nach rund zehn Jahren den Höhepunkt seiner Entwicklung, so sind immer noch acht Flaschen da, die in den nächsten Jahren mit größtem Genuss getrunken werden können, wobei man sich am Ende manchmal eine oder zwei Flaschen beiseite legt – er könnte ja noch immer besser werden.

Das Schönste an Weinen, die man lange im Keller gelagert hat und die dabei an Qualität zugelegt haben, ist die erfreuliche Tatsache, dass sie zum Zeitpunkt der Konsumation wie ein Geschenk des Himmels erscheinen. Dass man dafür einst eine Menge sauer verdientes Geld ausgegeben hat, ist nämlich inzwischen längst vergessen.

Stets griffbereit: die besten Zitate und Anekdoten zum Thema Wein

Wein und Wahrheit

In vino veritas
ALKÄUS (GRIECHISCHER LYRIKER VON DER INSEL LESBOS, 600 V. CHR)

Im Wein liegt Wahrheit –
und mit der stößt man überall an.
FRIEDRICH HEGEL

Wozu die Wahrheit im Kaffeesatz suchen,
da sie doch so angenehm im Wein
untergebracht ist.
ANDRÉ BRIE

Vom Urbeginn der Schöpfung
ist dem Wein eine Kraft beigegeben,
um den schattigen Weg der Wahrheit zu
erhellen.
  DANTE

Wein und Sinn(lichkeit)

Der Wein steigt in das Gehirn,
macht es sinnig,
schnell und erfinderisch,
voll von feurigen und schönen Bildern.
  WILLIAM SHAKESPEARE

Der Wein wirkt stärkend auf den Geisteszustand,
den er vorfindet:
Er macht die Dummen dümmer,
die Klugen klüger.
  JEAN PAUL

Beim Weißwein denkt man,
beim Rotwein spricht man,
beim Sekt macht man Dummheiten.
  HENRI VIDAL

Er kennt mehr Genüsse als irgendein Mann, den ich je
getroffen habe. Er denkt aus Sinnlichkeit. Zu einem alten
Wein und einem neuen Gedanken könnte er nicht nein
sagen.
  DER PAPST ÜBER GALILEO GALILEI IN BERTOLT
  BRECHTS »DAS LEBEN DES GALILEI« (12. SZENE)

Der Wein ist kein Nahrungsmittel – er ist es auch –,
aber er ist in erster Linie ein Gefährte, mit dem man lebt,
mit dem man sich tröstet, mit dem man Freude hat.
Er ist eine Persönlichkeit.
LUIGI VERONELLI

Es ist eine platte Ansicht zu glauben, dass der Wein
unmittelbar aus sich selbst alle die Wirkungen hervor-
bringt, die wir ihm zuschreiben. Sein Duft und Hauch
erweckt nur die Qualitäten, die in uns ruhen.
LUDWIG TIECK

Wein und Gesundheit

In vite vita (in der Rebe das Leben)
ANTIKER SPRUCH

Es gibt mehr alte Weintrinker als alte Ärzte.
DEUTSCHES SPRICHWORT

Wine … the true old man's milk and restorative cordial.
Wein ist die wahre Milch für alte Männer und ihr
Stärkungsmittel.
THOMAS JEFFERSON

Wein ist unter den Getränken das nützlichste, unter
den Arzneien die schmackhafteste, unter den Nahrungs-
mitteln das angenehmste.
PLUTARCH

Wenn Penicillin Kranke heilen kann, dann kann
spanischer Sherry Tote ins Leben zurückbringen.
SIR ALEXANDER FLEMING

Seine nützlichen Eigenschaften aber sind diese: Er
zerbröckelt die Nierensteine, stärkt die Eingeweide,
verscheucht die Sorgen und treibt zu Großmut an. Er
bewahrt die Gesundheit und fördert die Verdauung; er
hält den Leib gesund, vertreibt die Krankheiten aus den
Gelenken, reinigt den Körper von schlechten Säften und
erzeugt Heiterkeit und Freude; er stärkt die Natur, zieht
die Blase zusammen, kräftigt die Leber, öffnet die
Verstopfung, rötet die Wangen, säubert den Kopf und
das Hirn von Grillen und verzögert das Ergrauen der
Haare.
Und hätte Allah, der Allgewaltige und Glorreiche, ihn
nicht verboten, so gäbe es auf dem Angesichte der Erde
nichts, was ihm gliche.

DIE KLUGE SKLAVIN TAWADDAD IN DEN GESCHICH-
TEN AUS TAUSENDUNDEINER NACHT

Weinsprüche

Die Trunksucht freilich ist ein Übel,
doch ist der Sekt nicht schuld daran,
wenn sich der Mensch in seinen Kübel
mehr gießt, als er vertragen kann.
Doch wer mit Liebe hebt den Becher
und sich an keinem Nörgler stört,
der ist fürwahr ein edler Zecher,
dem unsere Sympathie gehört.

UNBEKANNTER VERFASSER

Wer als Wein- und Weiberhasser
jedermann im Wege steht,
der esse Brot und trinke Wasser
bis er daran zugrunde geht.

WILHELM BUSCH

Wein und Trinkgenuss

Man kann, wenn wir es überlegen,
Wein trinken fünf Ursachen wegen:
Einmal um eines Festtags willen,
Sodann vorhandnen Durst zu stillen,
Ingleichen künftigen abzuwehren,
Ferner dem guten Wein zu Ehren,
Und endlich um jeder Ursach willen.
　　WILHELM BUSCH

Am Rausch ist nicht der Wein schuld,
sondern der Trinker.
　　KONFUZIUS

An einem Rausch ist das schönste der Augenblick,
in dem er anfängt –
und die Erinnerung an ihn.
　　KURT TUCHOLSKY

Wer keinen Wein trinkt,
dem entgeht viel Genuss.
Wer aber den Wein falsch trinkt,
verdirbt sich und anderen den Genuss.
　　KARDINAL RICHELIEU

Das Trinken ist fast das letzte Vergnügen,
das uns die Jahre nehmen.
　　MICHEL DE MONTAIGNE

Es ist besser, voll guten Weines zu sterben,
als voll Durst.
　　FRANZÖSISCHE ERKENNTNIS

Das Leben ist viel zu kurz,
um schlechten Wein zu trinken.
  ALLGEMEINE ERKENNTNIS

Wein und Religion

Bier ist Menschenwerk,
Wein aber ist von Gott!
  MARTIN LUTHER

Gott schuf nur das Wasser,
aber der Mensch schuf den Wein.
  VICTOR HUGO

Ich weiß, sie trinken heimlich Wein und predigen
öffentlich Wasser.
  HEINRICH HEINE

Wer Wein trinkt – betet;
wer Wein säuft – sündigt!
  THEODOR HEUSS

Wein als Kunst

Essen ist eine Notwendigkeit –
sich aufs Essen und Trinken zu verstehen
ist eine Kunst.
  BRILLAT-SAVARIN

Das Geräusch des Korkens erinnert mich an das
Hochgehen des Vorhangs bei einer Premiere, wenn nur
Gott allein weiß, was uns da erwartet.
  FRANÇOIS MAURIAC

Ode an den Wein

Tagheller Wein,
nachtdunkler Wein,
Wein mit Purpurfingern
oder Blut von Topas,
Wein, du
der Erde
gestirnter Sohn
Wein
wie ein Golschwert glatt
mild
wie aufgerauhter Sammet,
schneckenhaft gewunden
und aufgelöst,
liebeatmender,
meerischer Wein,
nie hattest du Raum in einem Glase genug,
in einem Lied, in einem Menschen,
Koralle, vermählend wirkst du,
zumindest das Paar.
Manchmal
nährst du dich von sterblichen
Erinnerungen,
in deinem Gewog
gehen wir von Grab zu Grab,
Steinmetz eisiger Grüfte,
und wir weinen
vergängliche Tränen,
doch
dein wunderschönes
Frühlingsgewand
ist von anderer Art,
aufschwingt sich das Herz in Gezweig,
der Wind bewegt den Tag,
und nichts bleibt

im Inneren deiner unbeweglichen Seele.
Der Wein
bringt den Frühling in Wallung,
gleich einer Pflanze aufwächst die Freude,
Mauern stürzen,
mächtige Felsen,
die Abgründe schließen sich,
und es erblüht das Lied.
Oh, Weinkrug, du mit der Herrlichen,
die ich liebe, in weltverlorener Einsamkeit,
sagt der betagte Dichter.
Möge zum Gewicht der Liebe
Seinen Kuss der Weinkrug fügen.
Geliebte du, auf einmal
ist deine Hüfte
des Glases vollendete Rundung,
deine Brust die Traubendolde,
des Alkohols Schimmer deine Haarflut,
deine Brustspitzen Traubenkugeln,
dein Nabel makelloses Siegel,
geprägt auf das Gefäß deines Leibes,
und diene Liebe die Kaskade
unerschöpflichen Weines,
die Helle, die in meine Seele dringt,
des Lebens irdischer Glanz.

Aber nicht Liebe nur,
glühender Kuss
oder verbranntes Herz
bist du, Wein des Lebens,
sondern Freundschaft auch der Menschenwesen,
Transparenz,
Chorgesang der Gesittung,
von Blüten ein Überschwang.

Ich liebe beim Gespräch
auf dem Tisch
das Licht einer Flasche
verständigen Weines.
Man trinke ihn
und bedenke bei jedem
Tropfen Gold
oder topasenen Kelch
oder purpurnen Maß,
dass der Herbst es gewirkt,
bis angefüllt die Gefäße mit Wein,
und es lerne der dumpfe Mensch
bei der Verrichtung jeglichen Tuns
sich der Erd zu erinnern und seiner Verpflichtung:
zu verkünden der Früchte Lobgesang.
    PABLO NERUDA

Die Faszination der großen Flaschen – und wie sie richtig heißen

Auf Spitzenweingütern – und im Bordelais wohl auf jedem Gut – ist es üblich, Weine nicht nur in die genormten 0,75-Liter-Flaschen, sondern auch in Großflaschen zu füllen, deren Volumen jedoch – fast – immer ein Vielfaches der Bouteille ausmacht. Die Magnum also – und man lasse sich dieses Wort auf der Zunge zergehen – fasst zwei Bouteillen, also 1,5 Liter, die Doppelmagnum vier Normalflaschen, also drei Liter, und dann kommen erst die überschweren »Granaten« mit den lustigen Namen, die in tausenderlei Varianten falsch oder richtig geschrieben werden und offensichtlich in irgendeiner mystischen Verbindung mit den Heiligen Drei Königen stehen müssen: Jeroboam mit 4,5 Litern (sechs Flaschen; bei älteren Bordeauxweinen hat dieses Format manchmal auch fünf Liter Inhalt), Impérial mit sechs Litern (acht Flaschen), Salmanazar mit neun Litern (zwölf Flaschen), Balthazar mit zwölf Litern (16 Flaschen), Nebukadnezar mit 15 Litern (20 Flaschen) – und schließlich die »Dicke Berta« unter den Weinflaschen, die Melchior mit 18 Litern Volumen (24 Flaschen). Noch ein Geheimtip für den Weinsnob-Fundus: In Bordeaux werden auch 2,5- oder 2,25-Liter-Flaschen abgefüllt, was außerhalb Frankreichs nur wenig bekannt ist; sie hören auf den klingenden Namen »Marie-Jeannes«.

Ein wenig anders lautet die Hierarchie bei den Champagnerflaschen, was schon so manchem hoffnungsvollen Kandidaten bei diversen Sommelier-Wettbewerben zum Stolperstein wurde. Auf die Viertel-, die Halb- und die Normalflasche folgen die Magnum mit 1,5 Litern, die Jeroboam mit drei Litern, die Rehoboam mit 4,5 Litern, die Methusalem mit sechs Litern, die Salmanazar mit neun Litern, die Balthazar mit zwölf Litern und schließlich die Nebukadnezar, die gewaltige 15 Liter Champagner fasst, mit denen Sie – eine ruhige Hand und ein geeichtes Augenmaß vorausgesetzt – nicht weniger als 120 Champagnergläser füllen können.

Warum das Ganze? Einerseits altert Wein (für Champagner gilt das nur in sehr beschränktem Maße) in großen Flaschen langsamer, weil der Luftaustausch im Verhältnis zum Inhalt der Flasche geringer ist als bei kleineren Flaschen. Zum anderen liegt so ein »Brummer« einfach gut in der Hand, und es gibt für den Weinsnob nichts Schöneres, als einer Runde von gleichgesinnten Gästen einen Wein aus der Magnum oder einer noch größeren Flasche servieren zu können. Mit

einer Einschränkung: In große Flaschen gehören nur
große Weine, dann sind auch große Trinkerlebnisse zu
erwarten; sie sind schließlich der Hauptgrund für die
Faszination, die Großflaschen nun einmal auf Weinfreaks ausüben.

Designer-Nasen für Weinsnobs

Entwürfe einer böhmischen
Nasbläserdynastie

FRISCHE
WEISSWEINE

KLASSISCHE
CHIANTI

VINS DU
PAYS

TIEFE
BURGUNDER

KRÄFTIGE
RIOJAS

SONDER-
MODELL
CHARDO-NEZ

Gläser von Riedel: Neuentwicklungen für Weinsnobs

ICH SAG INNEN, ALLES ANDERE IST UNBRAUCHBAR.

...für einen Château Pichon-Longueville Baron '75.

PRÖSTERCHEN!

...für einen Pikkolo-Sekt von Metternich.

PRIMA CHARDONNAY! ALSO: OANS, ZWOA,....

..für den Anfänger unter den Weinsnobs: das Kompromissglas.

MIT DEM SCHWENKEN TU ICH MIR NOCH ETWAS SCHWER.

...nur für die aller-besten Burgunder.

BRRRR!

...für einen etwas zu sauer geratenen Grünen Veltliner aus dem Weinviertel.

HINTERLASSEN SIE BITTE IHRE EINDRÜCKE NACH DEM PIEPTON. PIEP!

...für vielbeschäftigte Verkoster: das interaktive Glas.

Klaus Egle, geboren 1964 in Feldkirch/Vorarlberg, kam 1986 nach Wien und lernte hier den Wein kennen und lieben. Verkostete seither tausende Flaschen aus aller Welt und besuchte Weinbaugebiete in Frankreich, Italien, Spanien und vielen anderen Ländern. Schrieb zahllose Artikel und Kolumnen in Zeitungen und Magazinen und verfasste Bücher wie *Die schönsten Weinstraßen Österreichs, Weinland Steiermark* oder *Lust auf Wein!* in denen das Thema Wein unterhaltsam und genussvoll präsentiert wird. Er gibt gemeinsam mit Christoph Wagner alljährlich den Wirtshaus- und Weinführer *Wo isst Österreich?* heraus. Klaus Egle lebt gemeinsam mit der Autorin Sabine Lintschinger und Sohn Julian in Wien.

Pablo Neruda: *Ode an den Wein*, aus: Elementare Oden. © 1985, 1997 Luchterhand Literaturverlag GmbH, München.

3. überarbeitete Auflage, 2003

© 1999 Franz Deuticke Verlagsgesellschaft m. b. H., Wien–München
Alle Rechte vorbehalten.
http://www.deuticke.at

Umschlaggestaltung: Robert Hollinger
Umschlagfoto: © Getty Images
Druck: Wiener Verlag, Himberg
Printed in Austria
ISBN 3-216-30467-1